I0150199

Paris
Catrony
rue de la Sorbonne.

MÉTHODE EUROPÉENNE

par Abc

LECTURE

de huit langues

Signes européens pour lire huit langues.

ı = a	u = eu	ʋ = ieu	ı = é	ı = è	ı = i	r = ou	n = ch h = son sourd
u = aï	n = o	o = io	ı = ié	ı = iè	r = u	ᴛ = iou	ă = e a = ou = nul
à = e		**Règle unique.**					â = o
ê = i		Toute lettre surmontée d'un de nos signes perd sa valeur propre et prend celle du signe. — Toute lettre pointée en bas est nulle dans la prononciation excepté dans le russe et l'arabe.					ü = iou
i = aï							ü = eu
ō = ou		**UNE HEURE** POUR LIRE 8 LANGUES.					ŏ = eu

français · anglais · allemand · russe · arabe · espagnol · italien · portugais

autographie

Catrony éditeur

Prime perpétuelle (voy. dernière page).

Etude comparée de huit alphabets

L'alphabet russe a 36 lettres dont 15 voyelles; l'arabe 29 lettres dont voyelles, l'anglais, l'allemand et le français, 26 lettres dont 6 voyelles. Le w manque à l'espagnol, le w et le z au portugais, les lettres x, y, w et k à l'italien.

Malgré la supériorité numérique des alphabets russe et arabe, toutes les lettres de notre alphabet latin ne s'y trouvent pas représentées. L'arabe est dépourvu des lettres c, e, j, p, u, v, w, x, et les lettres h, q, s, u, w manquent à l'alphabet russe.

Voilà pour les lettres, voici pour les sons

Chaque langue a un ou plusieurs sons particuliers dont elle possède le monopole. Quelquefois une langue manque de un plusieurs sons, communs aux autres langues.

Le son e français n'existe ni dans le portugais, ni dans l'espagnol, ni dans l'italien. La lettre e s'y prononce é ou è comme en allemand.

Le son u ne se rencontre que dans le français et par exception dans le portugais et l'allemand. Ailleurs l'u se prononce ou en général. Cette lettre manquant dans le russe et l'arabe, le son ou y est représenté par d'autres lettres

Les sons voyelles a, i, o, é existent dans les huit langues mais ne sont pas toujours représentés par la même lettre. De là, ces règles infinies de prononciation, souvent aussi difficiles à apprendre que la langue elle-même et que nous avons réduites à un principe unique par notre nouvelle prononciation figurée.

Les sons consonnes q et h manquent au russe; le son français (j) à l'espagnol, à l'allemand et à l'arabe, où il devient guttural. En italien, on le prononce (dj) comme le djim arabe.

Le son cs ne figure ni dans l'italien,

ni dans le russe, ni dans l'arabe. En russe l'x se
prononce comme le ch guttural allemand.

Le z se prononce ss en espagnol et ts ou tz
en italien et en allemand.

Le son des autres consonnes est commun
aux huit langues.

Le ch existe dans les huit langues. Il
se prononce tch en espagnol et en anglais; k en
italien et kch en portugais.

Les sons (gn) et (ill) français n'existent que
dans les langues latines avec une orthographe dif-
férente. Le gn s'écrit nh en portugais et ñ en espagnol. Le ill, gl en italien, lh en portugais et
ll en espagnol.

Quant aux sons particuliers à chaque
langue, le jota (j) distingue l'espagnol; le (z) et le
ch, l'allemand; le th et le ng l'anglais; le double
ch (stch), le russe; l'a sourd et les nasales le portugais; les sons emphatiques l'arabe, les nasales et la diphthongue oi (ouas) le français.

Cette vue générale, sans être absolument nécessaire, fera mieux saisir l'importance de
notre découverte et la simplicité de nos tableaux,
surtout si on compare notre travail à tous les
systèmes déjà parus.

Valeur de nos signes			
ι =	a	.. =	aï
∪ =	eu	∧ =	o
∪ =	ieu	∩ =	io
/ =	é	// =	u
⁄ =	ié	↗ =	ou
\ =	è	↗ =	iou
＜ =	iè	∴ =	ch
. =	i	∼ =	son sourd
a e o u	lettres nulles		

Règle unique. Toute lettre surmontée d'un de nos signes
perd sa valeur propre et prend
celle du signe. Toute lettre
pointée en bas est nulle dans
la prononciation, excepté dans
le russe et l'arabe.

Remarque. Cette règle
concerne les voyelles, qui
seules offrent des difficultés.
Pour les consonnes et les
voyelles non accentuées, voyez le tableau suivant
qui résume la théorie de chaque langue.

Tableau de prononciation

français.	anglais.	allemand.	russe.
an, en } an	au = ann	an = ann	Les voyelles ru-
aim, em } nasal.	àu = ènn	än, àn = ènn	sses accentuées par
in, im }	ein, aun }= èn	in = inn	notre méthode se
yn, ym } în	eim, aim }èm	on = onn	prononcent comme
ain, aim } nasal.	ssion }	un = oun	dans les autres
ein, eim }	tiön }= cheun	ie = i	langues. Mais co-
	xion }		mme il y a six I,
e, eu } e	ŭ = eu	ŏ, ö = eu	nous les figurons
au } muet	eŭ = iou		ainsi : prononcer:
ou = u (it et all)	w, oo = ou	u = ou	I, i = i }= i
on, om = on.	ŏm, ŭm = eum	ü = u	ijé И = j }= i
oi = oua.	oi, oy = o-i	oi = o-i	iépiou bl·ɪ = oui
oin - ouin	oin = o-un	ai, ei, ey = a-i	iépi b = ɪ }= eu
au, eau = o	ou = a	au = aou	kratkoï Й = ɪ }=nul
un = ün	türe = tchieure	äu, äü }ô-i	ijitsa V = y }= i
eu = u	türe = tchioure	eu, êu }	ŷ = ou
ai, ei }= è	ee = i	voyelles adoucies:	Pour les consonnes:
es, et }	ai, ay }= è	ä, à } è	c = ss toujours
es } finales	er, ey }	ö, ö } eu	x = guttural
ent } muettes, pl. des subf. et Y	ceal }	ü, ü } u	j = j
	sial }= chal.	äu, äü } o-i	j = i
er, ez = é	tial }		
ce } sse	ër = eur	tz = ts }	H = n
ci } ssi	cean }= chan.	th = t } ze = tse	B = v
	cian }	ph = f } zi = tsi	P = ʀ
ge } = je	geöus }djeuss.	v = f. }	Ces simples notes
gi } ji	giöus }	j = i }	suffisent pour lire
	tious }	ce } tse ch et g	couramment nos tex-
tion = ssion	cious }= cheuss.	ci } tsi fin syllabes	tes russes et rétablir
s = s, z	ceous }	ge } gue son	l'original au moyen
x - cs, gz	sh = ch franç	gi } gui guttural	des alphabets que
ch = sh angl	ch = tch esp.	ti = tsi	nous plaçons à la
ch = k grec		sch = ch	fin du volume à
gn = ñ espag.	gn = g-n	ck = k	titre d'exercice d'
ill = gli ital	th = dzézayé.	sk = chk	écriture
ph = f	ng = son nasal.	sp = chp.	

Dans tous les autres cas, les lettres non accentuées
se prononcent de même dans les huit langues.

arabe.	espagnol.	italien.	portugais.
Dans les diphthongues arabes, les lettres conservent chacune leur son propre. La prononciation des consonnes est très-distincte, mais les voyelles y sont livrées au caprice. Nos signes fixent toutes les exceptions. Ainsi :	an, in } jamais on, om } son nasal.	an, in } jamais ou, om } son nasal.	$\tilde{a}$ = ann. ẽam, ẽẽ = in õe, õi } = on
à = i ã = è ā = ou	un = oun u = ou e = é oï, oy } = oï	un = oun u = ou e = é oi, oy } = o-ï	ãi = in e = é u - ou
Les lettres s, d, t, r, ā sont dites emphatiques. Le r et l'ā se prononcent du gosier.	au = aou ou = o-ou	au = aou ou = o-ou	oi, oy = o-i au = aou ou = o-ou
j, gh, h } son guttural du ch allemand. ch = ch franç. a et t proviennent du heu.	ce = ze ci = zi ch = tch gn = g-n ñ = gn fr. ll = ill fr. x = cs xh = cz ch = tch	ce = tche ci = tchi ch = k gu = gu fran. gli = ill fr. gu = kou sch = sk ua = oua j = i ge = dje gi = dji	ce = sse ci = ssi ch = kch nh = gn fr. lh = ill ph = f rh = r th = t j = j
a, e, ê } lettres nulles.	que, qui, gue, gui } l'u est nul ge, gi } toujours guttural.	z = ts z = tz	ge, gi } = je, ji ce = sse ci = ssi
ā ō ü ou } se suppriment pour rétablir l'original, et cet accent laisse à la lettre sa prononciation.	b = v au milieu des mots. u = toujours ou excepté dans gue, gui, que, qui. L'accent aigu à é í ó ú indique l'accent prosodique	Le gl se prononce ill s'il est suivi de i ; ailleurs, il se prononce g-l. Le gn a le son fr. avant e, a, et le son latin avant i, o, u.	L'u se prononce ou. Quelquefois il a le son fr. nous l'indiquons ü comme en allemand. L'accent aigu indique l'accent prosodique

Dans ces trois langues l'accent aigu ne change pas la prononciation de la voyelle.

En russe, les lettres pointées en bas indiquent l'accent prosodique.

français	anglais	allemand	russe
Adieu	Adieu	Gott befohlen	Prосtj
votre	your	Ihr	vache (2)
serviteur	servant	bediente	clŷga, (1)
mon père	my father	mein vater.	moi ŏtétse
ma mère	my mother	meine mutter	moia nate
Comment	How	Wie	Kake
vous portez vous?	Do you (vous) Do?	befinden sie sich?	biti zdovorune vi?
et chez vous?	and at home	und bei Ihnen	j ў vi.
fort bien	very well	sehr gut	otchéni blago
assez bien	pretty well	gut genug	polno blago
mal	ill	übel	xŷdo
très-mal	very ill	sehr übel	otchéni xŷdo
mieux,	better	mehr	lŷtchché.
avec plaisir,	with pleasure	mit Vergnügen	ce volia
votre ami.	your friend	ihr freunde	vache drŷge
Je désire	I désire	Ich wünsche	Ja jelati
Déjeuner	to breakfast	frühstücken	zavtrakati
dîner	to dinner	zu mittagessen	obédati
souper,	to sup	zu abend essen	ŷjjnati
loger	to lodge	wohnen	ŏbjtati
une chambre	a room	eine kammer	ŏdna komnata
deux, trois,	two, three	zwei, drei	dvą, trŷ
un lit	a bed	ein bett	ŏdną perjna
Devant	before	Davor	spéredj
derrière	behind	dahinten	pazade
Donnez-moi	Give me	reichen mir	Dati ia
le pain	the bread	Das Brod	xlébe
du vin	wine	Wein	vjno
du café	coffee	Koffee	xophé
du fromage	cheese	Käse	cire
De l'eau.	water	das wasser	voda

arabe.	espagnol	italien.	portugais.
ăbqā alÿ kÿr	Adios	Addio	Adeos
kēdym a	„	il vostro	vosso
Kŏŭm a	servidor de Vm.	servidore	servidor
aboŭ y	padre mio	il mio padre	meu pae
ˆamm y	madre mia	la mia madre	minha mãe
Ouach	como	come	como
ănta ouach	lo pasa	state	lo passa
halēh,	Vm.	ella?	ella
ou ănd ant'm	y en su casa?	e in casa	e em casa?
souab	muy bien	benissimo	muito bem
ykfy mlyh	medianamente	assai bene	bastante bem
ma chÿ mlyh	mal	male	mal
„	mucho mal	malessimo	muito mal
ahsān	mejor	meglio	melhor
mã zāhou	con gusto	con piacere	com prazer
k'm hăbyb	su amigo de Vm	il vostro amico	vosso amigo
ăchtēhÿ	Yo deseo	Io desidero	Eu anhelo
ftĕr rĕdda	armolzar	ascolvere	almoçar
tă ăchchÿ	comer	panzare	jantar
tĕ ăchchÿ	cenar	cenare	cear
sēkĕn	„	alloggiare	(log)lojar
ouahādă byt	una cámara	una camera	huma camera
zoudj, tolĕtsa	dos, tres	Due, tre	duas, tres
ferach	una cama	un letto	huma cama
k'ddam	Delante	Derimpetto	antes
oura	Detras	addietro	atraz
Aătÿ ana	Dame Vm.	Date mi	Dai me
ăl kŏbz	el pan	il pane	o pão
ăl chĕrab	vino	vino	vinho
găhoua	café	caffè	café
djĕbĕn	queso	cacio	queijo
ma	agua	aqua.	água.

Exercice de lecture

français	anglais	allemand	russe
Apportez-moi	Bring mé	Bringen mir	Prjnéctj ia
ce plat	this disch	diese Schüssel	ciia plockoctï
cette assiette	this plâte	dieser Teller	ciia tarélka
ces biscuits	thèse biscuits	diese zuckerbrode	cëï bjckïrjtï
les journaux	the jöurnals	die Tagebucher	jïjrnale
le sel	thé sält	das Salz	coli (f.)
le poivre	thé pepper	der Pfeffer	pépélse.
l'huile	thé oil	das Oel	maclo
le vinaigre	the vinégär	der Weinessig	vjnnëï ïïkcïyce
ceci	this	dieses	cie
cela	that	jener	éto
la fourchette	thé fork	Gabel	vjlka
la cuillère	thé spoon	Löffel	lojka
le couteau	thé knife	Messer	noje
la serviette	à napkin	Tellertuch	calphétka
la chaise	thé chair	Stuhl	stýle
le fauteuil	elbow-chair	Lehnstuhl	Krécla
Passez-moi	Give mé	Reichen mir	Datï ia
la bûche	thé billet	der Klosz	pödéno
l'allumette	thé match	Streifhölzchen	cernaia cpjtchka
du bois	wood	Holzwerk	drova
la pelle	thé shövel	die Schaufel	döpata
les pincettes	thé tongs	die zangá	stchjptchjkj
le soufflet	thé blow	der Blasebalg	méxa
la pôele	thé päll	die Pfanne	ckövöröda
le gril	the gridïrön	der Rost	roctére
la brosse	thé brüsh	die Bürste	stchëtka
le balai	thé broom	der Besen	métla
la chandelle	thé candle	das Licht	calïnaia crétcha
Monsieur	Sir	mein Herr	cïdarï
Madame	Madam	Frau	göcpöja
Mademoiselle	Miss	Fräulein	cïdarïnia
Bonjour	Good morning	Gut Tag	zdravctvïjï

arabe	espagnol	italien	portugais
Djab ana	Traeme	Portate mi	Trazei me
hāda tèbsy	este fuente	questo piatto	este prato
hādou tèbsy	esta plato	questo tondo	este prato
hadouna "	estos biscochos	questi biscotti	estes biscoutos
ál akbar ouõkt	los Diaros	i giornali	os diaros
ál mèlêh	la sal	il sale	o sal
ál. fèlfèl	la pimienta	il pepe	a pimenta
ál zyt	la aceite	il oglio	o azeite
ál kāll	el vinagre	il aceto	o vinagre
hāda	esto	questo	isto
zalik	aquello	quello	isso
Kèrfou	tenedor	forchetta	garfo m.
mörièfa	cuchara	cucchiajo	colher
Kŏdmy	cuchillo	coltello	cutelo
mènchêfa	servilleta	tavagliuolo	guardanapo
Körsy	silla	sedia	cadeira
K″rsy	sillon	seggiolone	poltrona f.
Aătÿ ana	Dáme Vm	Date mi	Dai me
hātba	un leño	una legna	huma acha
tèrchag	pajuela	un zolfanello	mecha
hatab	leña	legno	legha
mèdjèrfa	la pala	la pala	a pá
mgŏşş	las tenazas	le mollette	as pincas
rabouz	los fuelles	la mantice	o folle
mŏgla	la sarten	la padella	a frigideira
mèchoua	unas parrillas	la gratella	as grelhas
chyta	el cepillo	la spazzola	a escorra
māslāha	la escoba	la scopa	a vassoura
nour	la bugia	la candela	a bugia
sydy	señor	signore	Senhor
amraa	señora	signora	Senhora
bènt	señorita	signorina	mademoiselle
şbah ál kŷr	buenos dias	buondi	Bons dias

Exercices de Lecture

français	anglais	allemand	russe
Donnez-moi	Give me	Reichen mir.	Datï ia
de la bière	beer	Bier	grobe
la bouteille	the bottle	Die Flasche	bÿtülka
la carafe	à cup	Die Wasserflasche	graphjne
une tasse	à cup	eine Tasse	tchacha
du fruit	fruit	Frucht f.	plòde
une pomme	à apple	ein Apfel	abloko
une poire	à pear	eine Birne	òna grÿchà
cette pêche	this peach	diese Pfirsche	cêï perc̆ke
ce raisin	this grapes	diese Traube	cêï jzioume
une orange	à orange	eine orange	pòmeranétse
des figues	figs	Teigen	phïga
du veau	veal	Kalbfleisch	télênoke
du mouton	mutton	hammelfleisch	òvène
des œufs	eggs	Eier	iaïtsa
du lait	milk	milch	mòlôko
du poulet	fowl	huhn	tsüplênoke
Du beurre	bütter	Butter	kòrovïe maclo
Du thé :	tea	Thée	tchaï
un gâteau	à cake	ein Kuchen	pjroge
du sucre	sugar .	zucker	caxare
un verre	à glass	ein Trinkglas	rioumka
J'ai	I have	Ich habe	Ià jméïou
vous avez	you have	Sie haben	vÿ jméête
j'avais	I had	Ich hatte	Ia jméle
vous aviez	you had	Sie hatten	vÿ jmêlÿ
j'aurai	I shall have	Ich werde haben	Ia bÿdÿ jmétï
vous aurez	You will have	Sie werden haben	vÿ bÿdéme jmétï
je suis	I am	Ich bin	Ia
vous êtes	you are	Sie sind	vÿ. (v. b. entendu
Dernier	last	leste	poclédnïï
moitié	half	die hälfte	polovjna
tiers	third	das Drittel	trétï
quart	fourth	das viertel	tchétvértü
paire	pair	paar, n.	para

arabe	espagnol	italien	portugais
ǎātïj ana	Dame Vm	Date mi	Dai me
"	cerveza	cervegia	cerveja
garāa	la botella	la bottiglia	a botelha
garāa	la garafa	la caraffina	a garrafa
fendjal	una taza	una tazza	a taça
fakiha	fruto	frutto	fruta
tёffaha	una manzana	una mela	huma maça
andjas	una pera	una pera	huma pera
kouka	esto melocoton	questa pesca	esta pesca
ănёb	esta uva	questa uva	esta uva
chynç	una naranja	una arancia	hums laranja
kărmous	higos	ficos	figos
ādjël	ternera	vitello	vitello
kёbch	carnero	montone	carneiro
byd	huevos	nevos	övos
habïjb	leche	latte	leite
fellous	pollo	pollastro	galhina
zёbda	manteca	burro	manteiga
tsaÿ	té	te	chá
hälaoua	torta	focaccia	hum bôlo
sёkkёr	azucar	zucchero	acubar
kas	un vaso	un gotto	hum copo
ăndy	yo tengo	Io ho	eu tenho
andköm	Vm. tiene	voi avete	vos tandes
kan ăndy	yo tenïa	Io avera	eu tinha
kan'a andk'm	Vm tenïa	voi averate	vos tinheis
ykoun andy	yo tendré	Io avrò	Io terei
yk"n'a andk'm	Vm tendré	voi avrete	vos tereis
rany	yo soy	Io sono	eu sou
rak"m	Vm es	voi siete	vos sois
ajăr	ultimo	último	ultimo
nöss	matà	mitad	metade
ts"lt	terzo	tercio	terço
rôbă	quarto	cuarto	quarto
roudj	pais	par	par

Exercices de lecture

français	anglais	allemand	russe
un	one	ein	odjne
deux	two	zwei	dva
trois	three	drei	trj
quatre	four	vier	tchétire
cinq	five	fünf	piate
six	six	sechs	chécti
sept	seven	sieben	cémi
huit	eight	acht	voçémi
neuf	nine	néun	déviati
dix	ten	zehn.	déciati
onze	eleven	elf	odjnnadtsati
douze	twelve	zwölf	dvénadtsati
treize	thirteen	dreizehn	trjnadtsati
quatorze	fourteen	vierzehn	tchétirnatsati
quinze	fifteen	fünfzehn	pivtnatsati
seize	sixteen	sechzehn	chéctnadsati
dix-sept	seventeen	siebzehn	cémnadtsati
dix-huit	eighteen	achtzehn	vocemnadtsati
dix-neuf	nineteen	néunzehn	déviatnadtsati
vingt	twenty	zwanzig	dvadtsati
trente	thirty	dreszig	trjdtsati
quarante	forty	vierzig	çaroke
cinquante	fifty	fünfzig	piatideciate
soixante	sixty	sechzig	chéctideciate
soixante-dix	seventy	siebzig	cémideciate
quatre-vingt	eighty	achtzig	vocemideciate
quatre-vingt-dix	ninety	néunzig	dévianocto
cent	one hundred	hundert	cto.
mille	one thousand	tausend	ticiavtcha
la bouche	the mouth	der Mund	rote
la barbe	the beard	der Bart	boroda
les bras	the arms	die Arme	rijkj
action	action	die Handlung	déictvié
agir	to act	handeln	délati

arabe	espagnol	italien	portugais
ouahäd	Uno	Uno	Um
zoudj	dos	due	dois
tslètsa	tres	tre	tres
arbǎa	cuatro	quatro	quatro
jǎmsa	cinco	cinque	cinco
sětta	seis	sei	seis
sébǎa	siete	sette	sette
tsmanye	ocho	otto	oito
tsǎa	nueve	nove	nove
āchāra	diez	dieci	dez
ahdach	once	undeci	onze
atnach	doce	dodeci	doze
tlātach	trece	tredeci	treze
arbǎtǎch	catorce	quattordici	quatorze
jǎmstach	quince	quindici	quinze
sěttach	diez y seis	sedici	dezeseis
sěbǎtach	diez y siete	diciassette	dezesete
tsmǎntach	diez y ocho	diciotto	dezoito
tsǎtach	diez y nueve	diciannove	dezenove
āchryn	veinte	venti	vinte
tslětsyn	trenta	trenta	trinta
arbǎyn	carenta	quaranta	quarenta
jamsyn	cincuenta	cinquanta	cincoenta
settyn	sesenta	sessanta	sessenta
sébǎyn	setenta	settanta	settenta
tsmanzyn	ochenta	ottanta	oitenta
tsǎyn	noventa	noventa	noventa
mįa	ciento	cento	cem
ǎlf	mil	mille	mil
foum	la boca	la bocca	a bocca
lahia	las barbas	la barba	a barba
drǎ	los brazos	le braccia	os braços
ǎmlǎ	la accion	l'azione	a acção
amēl	obrar	agire	obrar

Exercices d'écriture.

Anglais	Allemand	Russe	Arabe.
A a	A a	A a	
B b	B b	Б б	
C c	C c	В в	
D d d	D d	Г г	
E e	E e	Д д	
F f	F f	E e	
G g	G g	Ж ж	
H h h	H h	З з=f	
I i	I y i	И i	
J j j	J j	Й й	
K k k	K k	К к	
L l	L l	Л л	
M m	M m	М м	
N n	N n	Н н	
O o	O o	О о	
P p	P p	П п	
Q q	Q q	Ч ч=tch	
R r r	R r	Р р	
S s	S s	С с	
T t	T t	Т т	
U u	U u	У у=i	
V v	V v	В в	
W w	W w	Ш ш=ch	
X x	X x	Х х	
Y y	Y y	Ы ы	
Z z	Z z	З з	

Allemand

ſt ſt = st	
ſ = ch	
ck = ck	
ſ = ſſ	
ſ = ſſ	
ß = sz	
ßt sst	
tz = tz	
ä = è	
ü = eu	

russe

Щ щ = stch	
Ч ч = eu	
Ы ы - ŭ sourd	
Ѣ ѣ = é ié	
Э э = é	
Ю ю - iou	
Я я = ia	
У у - y	
И й = i muet	

arabe.

= a sourd	
= dj	
= d	
= d	
= r	
= s	
= ç	
= ts	
= ch	

Texte allemand

Haben Sie
etwas nötig
Die Tapferkeit
ist nur dann
eine Tugend wenn
sie von Einsicht
geleitet wird.

Texte européen.

Haben Sie
avez-vous
etwas nötig ?
qch. besoin
Die Tapferkeit
La valeur
ist nur dann
est seulement alors
eine Tugend wenn
une vertu lorsque
sie von Einsicht
elle par prudence
geleitet wird.
réglée devient.

Remarque. Notre Grammaire européenne et
nos méthodes, aidées de nos Dictionnaires, per-
mettent de pousser à bout l'étude d'une quelconque des huit langues.

Prime perpétuelle

à tout acquéreur des ouvrages édités par E. Catrony.

Au moins 50 pour 100 de remise sur les ouvrages suivants, au choix.

	Prix en librairie	Envoyé franco au souscripteur
Les Prétendants et l'Invasion 1870 2 vol	8 f.	4 f.
Musique dramatique notices 8°	9 f.	4 f.
Bibliographie des journaux (1787 à 1828)	12 f.	6.
La Science de l'Esprit (Huet) 2 vol. 8°	14.	7 f.
Album de Paris 55 planches Rel. luxe	25.	12 f. 50
La Chine, histoires, mœurs, 120 grav. 3 vol	30.	15 f.
Les Contemporains 60 vol.	25 f.	12 f. 50
Histoire de mon temps 6 vol. 8°	36.	18.
Histoire de la Turquie (Lamartine) 6 v. 8°	60.	30.
Histoire romaine et italienne 12 vol. 8°	72 f.	30 f.
Histoire des États européens 6 vol 8°	42 f.	21 f.
Panorama historique 202 cartes, 540 grav	80 f.	40 f.
Légendes flamandes	6.	3
Curiosités des anciennes justices	6.	3
La chute du Ciel	6.	3
Nobiliaire universel 40 vol.	240 f.	100 f.
Album Boetzel 40 grav in folio rel toile	24.	12.
Histoire de Paris (Arago) 2 v. 8° grav.	18.	9 f.
Histoire de l'Europe (Alison)	35 f.	10 f.
Physique simplifiée 4 vol. 4 mille pag figures	60 f.	25 f.
Parnasse médical	7 f.	3 f. 50
Gouvern' de Normandie 5 vol 8°	35 f.	15 f.
Annuaire historique 3 vol. 8°	45 f.	12 f.
Mélanges (Bordas, Dumoulin) 2 vol	10 f.	5 f.
Révolutions d'Italie. 4 vol	20 f.	10 f.
Relations politiques 5 vol	25 f.	10 f.

Pour recevoir franco et à domicile un ou plusieurs de ces volumes en envoyer le montant par lettre affranchie à M. E. Catrony, éditeur

Paris 117 rue de l'Université 117 Paris

Lith. H. Caillet 45, r. Jacob

PRIX 30 Cᵐᵉˢ

HUIT
Langues
8

Nᵒˢ 2

Nᵒˢ 2

Prononciation française

GRAMMAIRE EUROPÉENNE

ÉTUDE
rapide et complète

MISE A LA PORTÉE
de tout le monde.

1878

1878

sans maître
par Abc

signes européens pour lire huit langues.

ʌ = a	ʌ = eu	ʌ = ieu	′ = é	′ = è	· = i	⌐ = ou	⌐ = ch son sourd
·· = aï	⌐ = o	⌐ = u	′ = ié	′ = ié	″ = u	⌐ = ou	ǎ ě ǔ nul

Règle unique.

Toute lettre surmontée d'un de nos signes perd sa valeur propre et prend celle du signe. Toute lettre pointée en bas est nulle dans la prononciation excepté dans le russe et l'arabe.

UNE HEURE
pour lire huit langues.

â = ê

ä = o

é = i

ü = iou

i = dï

ŭ = eu

ô = ou

ö = eu

français — anglais — allemand — russe — arabe — espagnol — italien — portugais

Galrony, éditeur
117 rue de l'Université 117

Croville Morant, libraire
20 rue de la Sorbonne 20

PARIS

Imp Cailat rue Jacob 45

Préface

Sur les soixante mille mots d'une langue quelconque, trois mille environ forment tout le fond courant des vocables classiques. Si nous descendons jusqu'au langage vulgaire, cinq ou six cents mots suffisent pour parler couramment une langue.

Prenons un certain nombre de langues, mettons en regard la nomenclature de ces mots communs à tous les hommes, il nous sera très-facile de trouver les racines de plusieurs dialectes, de découvrir la langue mère de certains climats, de suivre les transmigrations des peuples, et nous serons surpris de voir que l'esprit humain, malgré ses deux mille langues, n'est pas en cet endroit aussi fécond, aussi inventif qu'on le suppose généralement.

Mais ce n'est pas seulement à ce haut point de vue que nous publions notre grammaire comparée. Nous voulons surtout vulgariser l'étude des langues étrangères, en simplifiant la Grammaire et la lecture des textes, par une Méthode complète qui permette à chacun d'apprendre, au besoin, seul et sans maître. (Voyez notre Méthode européenne. Lecture de 8 langues.)

Pour arriver à ce but, il nous fallait d'abord traduire toutes les langues en caractères romains et figurer la prononciation sans détruire l'orthographe de l'original. Le système Robertson et autres, outre qu'ils ne ne sont applicables qu'à une langue, ont encore l'inconvénient de ne rien simplifier dans la lecture des textes. À ce point de vue nous offrons au public une véritable découverte. Huit signes nouveaux joints à quelques autres connus de tous, forment tout notre système (page 4), applicable à toutes les langues.

Nos exercices pratiques et notre Précis de Grammaire prouveront au lecteur que nous avons tout simplifié.

9

3

Dès les premières leçons les professeurs peuvent mettre en pratique notre méthode et faire de bons élèves sans autre étude préalable. Les élèves et les voyageurs, privés d'un professeur spécial peuvent seuls suivre nos cours avec succès.

Mettre à la portée de tout le monde une étude de première nécessité, faciliter le travail du maître et de l'élève en réduisant chaque langue à sa plus simple expression; réformer les Grammaires, les Guides et Dictionnaires polyglottes: rendre possible à tous et en quelques heures la lecture de l'anglais et autres langues en les soumettant à une simple règle, présenter une à une les langues principales de l'Europe et collectivement les langues secondaires; présenter la Grammaire comparée sous un point de vue pratique qui permette de saisir l'analogie et la simplicité des langues, apprendre à lire, à écrire et à parler une langue étrangère en peu de temps en suivant la marche logique et progressive du langage vulgaire au langage usuel et de celui-ci au langage classique, produire enfin une œuvre sérieuse qui au point de vue pratique présente au lecteur une solution complète du difficile problème de l'enseignement des langues vivantes: tel est le but que nous pensons avoir atteint.

Les écrivains qui nous ont précédé dans cette carrière n'ont pas encore envisagé la question a ce vaste point de vue. Notre but étant de faire une Méthode complète (voy. nos ouvrages spéciaux sur chaque langue), nous avons été poussé à examiner la question dans toutes ses faces, et, sans avoir la prétention d'avoir dit le dernier mot, nous espérons bien ouvrir une nouvelle voie à ceux qui nous suivront.

Tableau de prononciation

Français.	Anglais.	Allemand.	Russe.
an, en } = an am, em } nasal.	au = aun än = ènn	an = aun än, àn = ènn	Les voyelles russes accentuées par notre méthode se prononcent comme dans les autres langues. Mais comma il y a six I, nous les figurons ainsi :
in, im } in ym, ym } ain, aim } nasal. ein, eim }	ein, ain = èn eim, aim = èm ssiön tiön } = cheun xiön	in = inn on = onn un = oun ie = i	
e, eu } e eu } muet	ü = eu eü = iou	ö, ö = eu	prononcer:
ou = u (it et all.)	w, oo = ou	u = ou	I, i = i = i
on, om = on	öm, üm = eum	ü = u	ijé N = j = i
oi = oua.	oi, oy = o-i	oi = o-i	iépiou bl = ï = ouï
oin = ouin	oin = o-inn	ai, ei, ey = a-ï	iépi b = ï = eu
au, eau = o	au = a	au = aou	kratkoë N = ï = nul
un = ün	türe = tchieure	äu, äü eu, eü } ö-i	ijitsa V = y = i
eu = u	türe = tchioure	voyelles adoucies:	y = ou
ai, ei } = è es, et } es } finales ent } muettes, pl des subt et v.	ee = i ai, ay } = è ei, ey } ceal sial } = chal tial	ä, à } è ö, ö } eu ü, ü } u äu, äü } o-i	Sour les consonnes: c = ss toujours x = guttural
er, ez = é	ër = eur	tz = ts th = t } ze = tse ph = f } zi = tsi	j = j j = i
ce } sse ci } ssi	cean } = chan cian }	y = f. j = i	H = n
ge } = je gi } ji	geöus } djeuss. giöus }	ce } tse ci } tsi } ch et g ge } gue gi } gui } fin syllables ti = tsi } = son guttural	B = v P = r
tion = ssion	tious cious } = cheuss ceous		Ces simples notes suffisent pour lire couramment nos textes russes et rétablir l'original au moyen des alphabets que nous plaçons à la fin du volume à titre d'exercice d'écriture
s = s, z			
x = cs, gz ch = sh angl. ch = k grec gn = ñ espag. ill = gli ital ph = f.	sh = ch franç. ch = , tch esp. " gn = g-n th = d zézayé. ng = son nasal.	sch = ch ck = 'k sk = chk sp = chp.	

Dans tous les autres cas, les lettres non accentuées se prononcent de même dans les huit langues.

arabe.	espagnol.	italien	portugais.
Dans les diphthon-gues arabes, les lettres conservent chacune leur son propre. La pronon-ciation des con-sonnes est très-distincte, mais les voyelles y sont livrées au caprice. Nos signes fixent toutes les excep-tions. Ainsi :	an, in } jamais on om } son nasal	an, in } jamais ou, om } son nasal.	ã = ann; êm, ẽẽ = in
	un = oun	un = oun	õe, ĩ } = on
	u = ou	u = ou	ãi = in
	e = é	e = é	e = é
	oi, oy } = oï	oi, oy } = o-ï	u = ou
à = i à = è à = ou	au = aou	au = aou	oi, oy = o-i
	ou = o-ou	ou = o-ou	au = aou
	ce = ze	ce = tche	ou = o-ou
Les lettres s, d, t, z, ã sont di-tes emphatiques. Le r et l'â se prononcent du gosier.	ci = zi	ci = tchi	ce = sse
	ch = tch	ch = k	ci = ssi
	gn = g-n	gn = gn fran.	ch = kch
	ñ = gn fr.	gli = ill fr.	nh = gn fr.
	ll = ill fr.	qu = kou	lh = ill
	x = cs	sch = sk.	ph = f
j } son guttural gh } du ch h } allemand.	xh = cz	ua = oua	rh = r
	ch = tch	j = i	th = t
ch = ch franç.		ge } = dje gi } dji	j = j
æ et ĕ provien-nent du hou.	que qui } l'u quê } est que } nul	z = ts z = tz	ge, gi } = je, ji
a } è } lettres ĕ } nulles.	ge, gi } toujours guttural.	Le gl se pro-nonce ill s'il est suivi de i; ailleurs, il se prononce g-l. Le gn a le son fr avant e, a, et le son latin avant i, o, u.	ce = sse ci = ssi
ā ō ū ou } se suppri-ment pour ré-tablir l'origi-nal, et cet ac-cent laisse à la lettre sa prononciation.	b = v au milieu des mots. u = toujours ou excepté dans que, gui, qua, qui. L'accent aigu á é í ó ú indique l'accent prosodique.		L'u se prononce ou. Quelquefois il a le son fr. nous l'indiquons ü comme en allemand. L'accent aigu indique l'accent prosodique
	Dans ces trois langues l'accent aigu ne chan-ge pas la prononciation de la voyelle.		

En russe, les lettres pointées en bas indiquent l'accent prosodique.

français	anglais	allemand	russe
l'aurore	the dawn	die Morgenröthe	zrémnia zaria
brouillard	the fog	der Nebel	tyniane
l'argile	the clay	der Thon	glyna
le bois	the wood	das Holz	dérévo
une bûche	à log	ein Scheit	poléno
l'acier	the steel	der Stahl	ctali
l'ardoise	the paste	der Schiefer	acpjlnïi kaméni
l'argent	the silver	das Silber	cerebro
l'amidon	Starch	Das Stärkemehl	kraxmale
le camphre	camphor	der Campfer	kamphora
la base	the base	die Basis	ocnovanié
l'azur	the azure	das Himmelblau	lazyri
blanc	white	weiss	bélïi
bleu	blue	blau	cjniï
brun	brown	braun	korjchnévïi
le bonheur	Happiness	Das Glück	ctchàctïé
l'adresse	address	Geschicklichkeit	lowkocti
l'affection	affection	die Zuneigung	blagocklonnocti
l'ambition	ambition	der Ehrgeiz	tchéctolioubié
l'amitié	friendship	Freundschaft	drujba
l'amour	love	die Liebe	livoubovi
l'apathie	apathy	Stumpfsinnigkeit	apatiia
l'audace	audacity	die Kühnheit	cmélocti
la bonté	Goodness	die Güte	dobrota
le caractère	the temper	chackter	xaraktére
la bouche	the mouth	der Mund	rote
la barbe	the beard	Der Bart	boroda
les bras	the arms	die Arme	rûkj
l'action	action	die Handlung	déictvié
agir	to act	handeln	délati

et de langage usuel.

arabe	espagnol	italien	portugais
fēdjēr	la aurora	l'aurora	a aurora
ḍbab	la niebla	la nebbia	o nevoeiro
tin	la arcilla	l'argilla	o barro
ʿoud	la madera	le legno	a lenha
ḥaṭba	un leño	un ciocco	uma acha
dēkir	el acero	l'acciaro	o aço
blāt	la pizarra	la lavagna	a ardosia
fōḍḍa	la plata	l'argento	a prata
nēcha	el almidon	l'amido	o amido
kāfour	el alcanfor	la canforo	o camphora
ḳaida	la base	la base	a base
sēmāoui	el azul	l'azzurro	azul celeste
abioḍ	blanco	bianco	branco
āzrag	azul	turchino	azul
asmar	moreno	bruno	pardo
sāaḍ	la dicha	la felicità	a felicidade
chēṭarā	la destreza	la maestria	o geito
moḥibā	la aficion	l'affezione	a affeicão
ṭēmā	la ambicion	l'ambizione	a ambicão
mōḥibbā	la amistad	l'amicizia	a amizade
eūchḳ	el amor	l'amore	o amor
eūdjēz	la apatia	l'apatia	a apathia
fahal	la audacia	l'audacia	a audacia
djoud	la bondad	la bontà	a bondade
tabaa	el caràcter	il carattere	o caracter
foum	la boca	la bocca	a bocca
lāhia	las barbas	la barba	a barba
ḍraā	los brazos	le braccia	os bracos
ōmlā	la accion	l'azione	a acção
amēl	obrar	agire	obrar

Exercices de lecture.

français	anglais	allemand	russe.
la beauté	beauty	die Schönheit	kracota
beau	beautiful	schön	kracjvü
bâiller	yawn	gähnen	zévati
l'agonie	agony	ein Todeskampf	prédémértnüia
l'apoplexie	apoplexy	der Schlagflusz	apoplékciia
bégayer	to stammer	stottern	zajkatücü
blesser	to wound	verwunden	ranjtü
un aveugle	a blind man	ein Blinder	cléjvoi
un boiteux	a lame man	ein Lahmer	xromoï
un borgne	a one eyed	ein Einäugiger	Krivoï
un antidote	an antidote	ein Gegengift, n.	protyvjiadié
un bain	a bath	ein Bad, n.	vanna
des bas	stockings	Strümpfe	tchjlkj
un bonnet	a cap	eine Mütze	tchépchjke
des bottes	boots	Stieffel	capogj
une agrafe	a hook, clasp.	eine Agraffe	zactéjka
une bourse	a purse	eine Börse	Kochéléke
un bouton	a button	ein Knopf	zapoxka
une canne	a walking-stick	ein Spazierstock	troctü
une allée	an entry	ein haus=Gang	alléia
un balcon	a balcony	ein Balkon	balkoxe
un café	a coffee-house	ein Kaffeehaus, n.	Kaphé-rectorans
un berger	shepherd	ein Schäfer	pactüxe
un arrosoir	a watering-pot	eine Gieszkanne	léïka
arroser	to water	begieszen	pôljvati
un boulanger	a baker	ein Bäcker	bjlotchnjke
une ancre	an anchor	ein Anker	iakori
le bord	board	der Bord	borte
une balle	a ball	eine Kugel	pjlia
un canon	a cannon.	eine Kanone	pjchka.

el langage usuel.

arabe	espagñol	italien	portugais
Djimm	la belleza	la bellezza	a belleza
djimil	bello	bello	bello
tsouěb	bostezar	sbadigliare	bocejar
měnāzeã	la agonia	l'agonia	a agonia
nŏhta	la apoplegia	l'apoplessia	a apoplexie
minměh	tartamudear	tartagliare	garguegar
Djerah	herir	ferire	ferir
ăāma	un ciego	un cieco	um cego
slã	un cojo	uno zoppo	um côxo
ţsouěr	un tuerto	un monocolo	um torto
Doudd ěs sěmm	contraveneno	contraveleno	contraveneno
hămmăm	un baño	un bagno	um bagho
Djěraba	medias	delle calze	meias
chachia	un gorro	una cuffia	um berrete
Djězma	botas	stivali	botas
bzima	un broche	un fermaglio	um colchete
Kiša	una bolsa	una borsa	uma bolsa
hěubba	un boton	un bottone	um botão
Kizrăna	un baston	una canna	uma bengala
děrb. znika	un pasadizo	un andito	um passadiço
drabez	un balcon	un balcone	uma sacada
Kahŭua	un café	un caffé	um café
rãi	un pastor	un pastore	um pastor
měrěich	una regadera	un innaffiatoio	um regador
rěuchch'	regar	innaffiare	regar
Koumach	un panadero	un panattiere	um padeiro
měktaf	un ancla	un'áncora	uma ancora
tarf	el bordo	il bordo	o bordo
dmka	una bala	una palla	uma bala
mědfã	un cañon	un cannone	um canhão

Exercices de lecture

français	anglais	allemand	russe
la bataille	the battle	die Schlacht	Сраженіе
... de change	stock-broker	ein Geld-mäkler	біржевой маклеръ
un associé	a partner	Gesellschafter	товарище
acheter	to purchase	Kaufen	купить
acquitter	to receipt	quittiren	платити
la balance	the balance	die Bilanz	балансе
un billet	a bill	Anweisung	вексели
l'agriculture	agriculture	Der Ackerbau	земледеліе
un artiste	an artist	ein Künstler	артиста
l'art	art	Die Kunst	искуство
l'astronomie	astronomy	die Astronomie	астрономіа
un cachet	a seal	Petschaft, n.	печати
un canif	penknife	ein Federmesser	перочинньй ножикъ
un bal	a ball	ein Ball	бале
la boule	the bowl	Kegelschieben, n.	шаре
une alouette	a lark	eine Lerche	жаворонок
une bécasse	a woodcock	eine Schnepfe	бекаса
une caille	a quail	eine Wachtel	перепеле
un canard	a drake	ein Enterich	утка
une anguille	an eel	ein Aal	угори
un abricot	an apricot	eine Aprikose	абрикосе
un acacia	an acacia	eine Acazie	Акаціа
une amande	an almond	eine Mandel.	миндаліна
dernier	last	leste	последніи
moitié	half	die hälfte	половина
tiers	third	das Drittel	трети
quart	fourth	das viertel	четверти
double	Double	doppelte, n	двойнъй
triple	tuple	Dreifache, n	тройнъй
quadruple	fourfold	vierfache, n	четвернъй
une fois	once	einmal	разъ
deux fois	twice	zweimal.	два разъ

el de langage usuel.

arabe	espagnol	italien	portugais
tʼāɔ	la batalla	la battaglia	a batalha
sĕmsar	agente de cambio	agente di cambio	agente de cambio
chẽrik	un socio	un associato	um socio
chẽra	comprar	comprare	comprar
bẽrra	pagar	saldare	saldar
mizān	el balance	il bilancio	a balança
tẽzkra	un pagaré	un biglietto	um bilhete
flaḥa	agricultura	agricoltura	agricultura
ṣaḥēd ṣanāa	artista	artista	artista
ṣanāa	arte	l'arte, ʃ	arte
ĕlm-āl-flĕk	astronomia	l'astronomia	astronomia
ṭabā	un sello	un sigillo	um sello
mous ál-klam	cortaplumas	temperino	canivete
ẽrs	un baile	un ballo	baile
kᵘra	la bola	la palla	a bola
kõnbāra	una alondra	una lodola	calhandra
bᵘmsĕlla	chocha	beccaccia	gallinhola
sĕmnana	una codorniz	una quaglia	codorniz
brak	un pato	anitra	pato
sĕllaḥ	anguila	anguilla	enguia
mĕchmach	albaricoque	albicocca	damasco
chĕdjrĕt fĕtana	acacia	acacia	acacia
louya	almendra	mandorla	amendra
ajār	ultimo	ultimo	ultimo
nᵘsf	metà	mitad	metade
tsᵘlt	terzo	tercio	terço
rᵘbā	quarto	cuarto	quarto
qᵘdrᵏᵘmᵘrtyn	doppio	doble	duplo
mᵘtsĕllĕt	triplo	triple	triplo
arbā aḍāaʃ	quadruplo	cuádruplo	quadruplo
mãrra	una vez	una volta	uma vez
marrātjn	dos veces	due volte	duas veces.

Deuxième partie.

Langage classique.

1 Du verbe.

Considérés comme éléments du discours, les MOTS sont ou déterminatifs ou auxiliaires.

Les dénominatifs désignent les idées des objets, de leurs qualités et de leurs actions, ce sont: les noms les pronoms, les adjectifs, les participes et les verbes, qui forment les véritables parties du discours.

Les AUXILIAIRES, qui ne sont que les particules du discours servent à marquer la liaison qui existe entre les mots dénominatifs: ce sont, l'article, les adjectifs déterminatifs, les adverbes, les prépositions, les conjonctions et les interjections.

Mais le VERBE est l'âme de la parole. Il désigne les actions et les qualités des objets. Les relations entre le sujet et le verbe sont indiquées par diverses terminaisons pour le nombre, la personne, le temps et le mode. Dans l'arabe le verbe admet même la distinction des genres.

À la rigueur, on pourrait se faire comprendre en laissant le verbe invariable.

C'est ce que font naturellement les enfants et les personnes qui essayent de parler une langue étrangère dont ils n'ont pas encore fait une étude suffisante. Exemple : Moi vouloir du pain ; toi vouloir du vin ; lui penser que non ; nous prier vous de vouloir donner à nous, prêter à nous, à eux, à lui, la voiture, de l'argent, à dîner, à souper, etc.

Ce langage primitif, qu'on retrouve en arabe, est très-intelligible, mais la langue correcte a tous les avantages de la précision, de la rapidité et de l'harmonie.

Pour faciliter l'étude des verbes, si compliquée dans les grammaires particulières, nous avons pour chaque langue dressé un tableau qui permet de saisir d'un coup d'œil toutes les terminaisons.

De plus nous avons disposé les temps composés en face des temps simples dont ils se forment. Le lecteur remarquera avec surprise qu'à ce point de vue toutes les langues ont à peu près le même genre de formation.

Le verbe AVOIR et le verbe ÊTRE, qui se reproduisent si souvent dans le langage usuel, doivent être étudiés avec le plus grand soin.

Il en est de même des particules du discours, articles, adjectifs déterminatifs, adverbes, etc. qu'on retrouve à chaque ligne.

Mais pour faire des progrès rapides, il importe de lire souvent des textes, en attendant l'occasion de parler la langue étrangère dont on fait l'étude. (voy. les exercices suivants).

Langage classique.

Anglais.	Allemand.
Beauty and pleasure sparkled in their countenances; but the modest simplicity, from wich female charms principally derive their power, was wanting. The fig, the olive, the pomegranate, and other trees without number, overspread the plain; so that the whole country had the appearance of a garden.	Anmuth, heiterkeit und Fröhlichkeit lachte aus ihren holden meinen, aber man vermiszte bei ihnen der Schönheit, edle Einfalt und holde Sham. Der Feigenbaum, der Ölbaum, der Granatbaum, und andere Bäume bedeckten die Ebene, und machten sie zu einen grossen Garten.

Tournure anglaise mot à mot
Beauté et plaisirs éclataient sur leurs visages, mais la modeste simplicité dont (from which) les féminins charmes principalement tirent leur pouvoir, était absente le figuier, l'olivier, le grenadier, et autres arbres sans nombre, couvraient la plaine, tellement que le tout entier pays avait l'apparence d'un jardin.

Tournure allemande mot à mot.
Grâce, gaité et joie éclataient sur leurs visages (holden, charmants) mais on regrettait chez elles cet ornement, noble simplicité et aimable pudeur. le figuier, l'olivier, le grenadier, et autres arbres couvraient la campagne et faisaient elle un grand jardin.

II 2 De l'article.

Dans la plupart des langues lorsqu'on emploie un nom commun qui n'est pas déjà déterminé par un mot qui l'accompagne, on le fait précéder de l'article défini:

franç. =	le,	la,	les,	du,	de la,	des,	au	aux
allm:	Der,	Die,	Die,	Des	Der	Der	Dem	Den
angl.:	the	the	the,	of the,	of the,	of the,	to the	to the.

Langage classique.

espagnol.	italien.
La hermosura, las gracias, la alegría, todo brillaba en sus rostros; pero en estas se echaba de menos aquella noble sencillez, aquel amable pudor, que es el mayor atractivo de la hermosura. La higuera, la oliva, el granado, y todos los demás árboles amenizaban la campiña, y hacían de ella un espacioso jardín.	La beltà, le grazie, i piaceri egualmente risplendevano su i loro volti; ma né vi si vedeva una nobile semplicità ed un' amabil vergogna ch'è ciò che piace maggiormente nella bellezza. Il fico, l'ulivo, il melagrano, e tutti gli altri alberi coprivano la campagna, e ne facevano un gran giardino.

esp: el, la, (los, las), del, de la, (de los, de las), al (a los, las)
ital: il, la, (i, gle), del, della, (dei, delle), al (ai, alle)
portu: o, a, (os, as), do, da (dos, das), ao, (aos, ás)

Si le nom commun est pris dans un sens indéterminé, on le fait précéder de l'article indéfini. Fr. un, all: ein; ang: a ou an; esp et ital. uno, una, et um, uma en portugais.

La langue russe n'a point d'article et en arabe l'article al sert pour tous les genres et pour tous les nombres. comme le thé anglais.

L'élision et la contraction de l'article se pratiquent en français et en italien. La contraction seule a lieu dans l'espagnol et le portugais

L'article allemand a les trois genres: der, die, das. L'article italien a une troisième forme; lo, dello, allo, qui s'emploie devant les noms masculins commençant par une voyelle ou une s suivie d'une consonne.

En anglais, l'article indéfini an, est la forme a avec une n euphonique.

PARIS

CATRONY ÉDITEUR rue Université 117

1878

Langues vivantes
sans maître
un jour pour parler 8 langues.
59 livraisons à 0.f 30

Une ou Deux
livraisons par semaine.
16 pages

Sciences simplifiées.
sans maître
par le dessin
28 livraisons à 0.f 30

PROSPECTUS

(...) Sous avier l... progrès obtenus, il faut avouer que la Science pratique et positive est encore restée trop hérissée d'inutiles obstacles pour pénétrer facilement dans les masses. Il faut à tout prix ouvrir une voie nouvelle, fixer les principes, présenter les résultats acquis sans faux systèmes; se mettre au point de vue de la jeunesse, qui ignore; suivre la marche naturelle de l'esprit humain; éloigner tout esprit systématique au nom de la vérité, de la justice et du progrès; réduire les sciences et les langues vivantes à leur plus simple expression; mettre à la portée de tous ce qui n'était réservé qu'à un très-petit nombre: tel est le but des œuvres de M. Abc, auxquelles il a consacré une vingtaine d'années et dont ces deux premières collections ne forment en quelque sorte que le préambule.

À tout souscripteur : **Prime perpétuelle** : À tout souscripteur.

Les Prétendants et l'Invasion 2 v 8f f.°	4.f	Légendes flamandes au lieu de 6.f f.°	3.f		
Musique dramatique 8° au lieu de 9.f f 4.°		Curiosités des anciennes justices ... 6.f f.°	3.f		
Bibliographie des Journaux .. 12.f f.° 6.f		La chute du Ciel au lieu de 6.f f.°	3.f		
La Science de l'Esprit (Huet) 2 v 8° 14.f f° 7.f		Histoire de Paris (Arago) 2 v. grav 18.f f.°	9.f		
Album de Paris 55 planches Rel. 25.f f° 12.50		Histoire de l'Europe (Alison) 35.f f.°	10.f		
Les contemporains 60 vol 25.f f° 12.50		Physique simplifiée 4 v. fig. 60.f f.°	25.f		
Histoire de la Turquie (Lamar) 6 v. 60.f f° 30.f		Annuaire histor. 3 v 8° 45.f f.°	12.f		
Panorama hist 202 cartes 540 grav 80.f f.° 40.f		Mélanges (Bordas-Dumoulin) 2 v. 10.f f.°	5.f		
Nobiliaire universel 40 vol 240.f f.° 100.f		Relations politiques 5 v 25.f f.°	10.f		

Pour recevoir **franco** les Primes, s'adresser directement à l'Éditeur en lui envoyant le montant (prix réduit).

PRIX 30 C^{mes}

HUIT
Langues

N° 3.   N° 3

Langage usuel et classique — Prononciation figurée
LANGUES VIVANTES comparées

GRAMMAIRE EUROPÉENNE

ETUDE   MISE A LA PORTÉE
rapide et complète   de tout le monde.

1878   Sans maître   1878
par Abbé.

signes européens pour lire huit langues.

ʇ = a	v = eu	v = ieu	ʼ = é	ʼ = è	· = i	n = ou	i̵ = ch don souri
·· = aï	n = o	n = œ	ʼ = ié	ʼ = ïé	n = u	n = iou	a e u nul

a = e̊

Règle unique.

Toute lettre surmontée d'un de
nos signes perd sa valeur propre
et prend celle du signe. Toute lettre
pointée en bas est nulle dans la
prononciation excepté dans le
russe et l'arabe.

UNE HEURE
pour lire huit langues.

é = i

ï = dï

Ŭ = iou

ŭ = eu

Ō = ou

ŏ = eu

â = o

français, anglais, allemand, russe, arabe, espagnol, italien, portugais

Catrony, éditeur   │ Croville Morant, libraire
117 rue de l'Université 117 │ 20 rue de la Sorbonne 20

PARIS

Imp Caillat rue Jacob 45

Langage classique

Anglais

He admired the justice wich prevented the oppression of the poor by the rich; the education of the youth, which rendered obeience, labour, temperance habitual — Our mast was broken by à sudden gust; and the moment after we heard the points of the rocks tear open the bottom of our vessel; the water flowing in on every side, the vessel sunk.

Tournure anglaise mot à mot.

Il admirait la justice qui pré-prévient l'oppression du pauvre par le riche, l'éducation de la jeunesse qui rendaient obéissance, travail, sobriété, habituels. Notre mât était brisé par un soudain coup de vent et le moment après nous entendîmes les pointes des rochers buser, ouvrir le fond de notre navire. L'eau coulant dedans le navire s'enfonce.

Allemand

Er bewunderte die Gerechtigkeit, die dem Armen gegen den Reichen zu Theil wurde, die gute Erziehung der Kinder, welche an den Gehorsam, die Arbeit, die Mässigkeit, gewöhnt wurden. Ein Windstosz zerbrach unsern mast und einen Augenblick darauf hörten wir, wie die Spitzen der Felsen den Kiel unseres Schiffes öffneten. Das Wasser dringt von allen Seiten ein, das Schiff sinkt.

Tournure allemande mot à mot.

Il admirait la justice qui au pauvre contre le riche lot de-venait, la bonne éducation des enfants, qui à l'obéissance, au travail, à la sobriété accoutumés devenaient. Un coup de vent rompit notre mât et un moment après entendîmes nous que les pointes des rochers, le fond de notre navire ouvrent. L'eau entre (dringt ein) de tous côtés, le navire s'enfonce.

III 3. Du substantif.

Les noms désignent les êtres ou par l'idée de leur nature individuelle (noms propres), ou par l'idée d'une nature commune à tous les individus de même espèce (noms communs) ou en considérant les manières d'être ou d'agir (noms abstraits).

Langage classique

Espagnol

Admiraba la justicia que se guarda al pobre contra el rico, la buena educacion de los jóvenes, à los cuales se les acostumbraba à la obediencia, al trabajo, à la sobriedad. — Una ráfaga rompió el mástil, y poco despues advertimos que las puntas de los penascos habian roto el casco. Entra el agua por todas partes, húndese el navío.

Italien

Egli ammirára la giustizia esercitáta in favore del póvero contro al ricco, la buóna educazione de' fanciúlli che s'accostumávano nélla ubbidiénza, nélla fatica, nélla sobrietà. —Un urto di vento ci ruppe l'álbere, et un moménto dópo sentímo le punte degli scogli, che aprivano a merzo la nóstra náve. Entró l'acqua da tútti i latti, affundò la náve.

Dans presque toutes les langues, les noms éprouvent soit dans leur forme, soit dans leur terminaison, des variations auxquelles on reconnaît s'ils s'appliquent à un seul ou à plusieurs individus (singulier, pluriel). La distinction des genres (masculin, féminin, neutre) dans plusieurs langues est moins indiquée par les terminaisons que par l'article qui les précède. Les cas en usage dans l'allemand et le russe, s'indiquent dans d'autres langues par des prépositions, et les rapports des mots sont indiqués bien plus clairement par ce dernier moyen.

L'allemand a cinq déclinaisons dont la quatrième comprend tous les noms féminins, qui prennent en à tous les cas. Les voyelles a, o, u, au, s'adoucissent au pluriel et changent de prononciation, ainsi que nous l'avons indiqué dans nos tableaux alphabétiques.

Les noms russes se déclinent d'après 28 paradigmes.

Langage classique.

Anglais

They laid themselves down upon the grass, crowned themselves with flowers, and rejoiced over the wine which had been brought in large vases from the city, to celebrate the blessings of the day. — As the necessity of exposing yourself to danger increases, so should your expedients, your foresight, and your courage

Tournure anglaise mot à mot

Ils étaient couchés eux-mêmes sur l'herbe, se couronnaient de fleurs et se réjouissaient dans le vin que avait été apporté dans de grands vases de la ville pour célébrer les bénédictions de la journée

Autant la nécessité d'exposer vous-même au danger augmente, autant il faut votre expérience, votre prévoyance et votre courage

Allemand.

Schon liessen sie sich auf dem Grase nieder, bekränzten sich mit Blumen, und tranken den Wein, der in groszen Gefäszen aus der Stadt gebracht wurde, um dem glücklichen Tag festlich zu begehen.

Je mehr die Nothwendigkeit wächst, sich der Gefahr auszusetzen, je mehr musz unser Muth und unser Vorsicht zunehmen.

Tournure allemande mot à mot

Déjà couchaient-ils (liessen... nieder) eux-mêmes sur l'herbe couronnaient eux de fleurs, et buvaient le vin, que dans de grands vases de la ville apporté était, pour (um zu) l'heureux jour solennel célébrer.

Plus (je mehr) la nécessité qu'on se tienne en garde (wächst), lui même le danger augmente, plus il faut notre courage et notre prévoyance s'accroître.

IV Du genre.

En anglais, la distinction des genres n'a pas la même importance que dans les autres langues, attendu que l'article et l'adjectif y sont invariables.

La terminaison a est une des plus caractéristiques du genre féminin en espagnol, en italien, en portugais et en arabe Elle correspond à notre e muet français,

Langage Classique

Espagnol	Italien.
Y ya se tendían por la llanda yerba, se coronaban de flores, y bebían juntos el vino que en abundancia se les traía de la ciudad para que celebrasen tan feliz expedicion -A proporcion que crece la necesidad de esponerse necesita la prudencia dictar nuevos arbitrios con que el valor vaya en aumento	Già si stendeano sull' erba, si coronavan di fiori, e beevano insieme il vino, che dentro a gran vasi si recava dalla città per solennizzare un giorno così felice - Secondo che va crescendo la necessità del mettersi in pericolo, bisogna altresi aver pronte nuove particle di provedenza et d'ardire.

Sont féminin en espagnol. les noms terminés en a, d, z, is, en, ion, ente, be, re, bre, erte; en portugais ceux en a, ã, ãa, ô, ihl; en italien ceux en a, d, ù, zione, udine, ie, en allemand: ceux en ei, heit, keit, schaft, inn, ath, ung; en russe: ceux terminés en a, ia, (excepté ceux en mia) et en octi, en arabe. ceux terminés en a, d, et ỹ.

En allemand, on forme le féminin en ajoutant inn et on adoucit les voyelles radicales a, o, u. der Graf, die Gräfinn (comte comtesse) der Koch, die Köchinn (cuisinier, -ière) Les noms de pays, de villes et de villages sont du genre neutre.

En russe, tous les noms des êtres vivants sont masculins ou féminins selon le sexe, sans avoir égard à la terminaison. Pour les choses inanimées ceux en l, ĭ, sont masculins, et ceux en e, ie, ĭe, o, mia, sont neutres.

En arabe, le féminin pluriel se forme en général en changeant la terminaison en at. Ce pluriel régulier féminin appartient aussi à quelques noms masculins, aux noms d'unité et d'action, à certains participes et aux noms diminutifs quelle que soit leur terminaison au singulier.

Langage classique.

Anglais.

His mild and patient endurance of my severe reprehension; his fortitude against himself, are indubitable testimonies, that he has true greatness of mind.

I remained alone, without consolation, without succour, without hope; the victim of intolerable anguish.

Tournure anglaise mot à mot.

Sa douceur et sa patiente souffrance dans mes sévères reproches; sa force d'âme contre lui même, étaient d'évidents témoins qu'il avait véritable grandeur d'âme.

Je demeurai seul, sans consolation, sans secours, sans espoir, la victime d'intolérables douleurs.

Allemand.

Seine Sanftmuth, die Gelassenheit, womit er mich hört, wenn ich ihm auch die härtesten Dinge sage, der Muth, den er gegen sich selbst zeigt, beweisen eine wahrhaft grosze Seele. — Ich blieb blosz, ohne Trost, (den) ohne hülfe, ohne Hoffnung, den fürchterlichsten Qualen Preis gegeben.

Tournure allemande mot à mot

Sa douceur, la patience avec laquelle (womit) il m'écoutait, lorsque je lui alors les plus dures choses disais, le courage, qu'il contre lui-même montrait, témoignait une véritable grande âme.

Je demeurai seul, sans soulagement, sans secours, sans espoir, à mes horribles douleurs livré.

V. Du nombre.

En anglais et dans les quatre langues latines le pluriel régulier se forme par l'addition d'une S au singulier; excepté en italien, où on change en *i* pour le masculin et en *e* pour le féminin, la voyelle finale du singulier.

La formation du pluriel *irrégulier* se formule dans chaque langue par quelques règles très importantes dans la pratique et très-faciles à apprendre en théorie.

1. En *Anglais* on ajoute *es* aux noms terminés par s, ss, x, sh, ch, o long; f et fe se changent en VES.

Langage classique

Espagnol	Italien
La paciencia con que sufre que yo le diga las cosas mas duras; el valor con que emprende humillar su amor proprio, manifestan un alma verdaderamente grande. Estuve solo, sin ausilio, ni esperanza, padeciendo los mas acerbos dolores.	La dolcézza, la paziénza in ascoltáre da me le più aspre riprensióni e il curá ggio di rendersi superiore, son tutte qualità che dimóstrano un'ánima veraménte grande. Rimási sólo, senza soccorso, senza speranza, sensa confórto, abbandonáto a dolóri oribili.

2. En espagnol, on ajoute es quand le nom finit par une consonne ou á, í accentués. Ceux terminés par X, Z, changent ces deux lettres en ces, et ceux précédés d'une brève avant l'S finale, restent invariables.

3. En italien les noms en io prennent j et ii, quand l'i de io est accentué. Les noms dyssyllabes en co, go, prennent chi, ghi; ceux en ca et en ga prennent che et ghe. Les finales cia et gia se changent en ci et gi, lorsque l'i n'est pas accentué.

4. En français, les finales au, eu, et quelques noms en ou prennent une X; les finales S, X, Z restent invariables et ail, al, se changent généralement en aux.

5. En portugais, la finale el se change en eis; il en is ou iz; z en zes; ão en ões ou ães; im, om, um, en ins, ons, uns. On ajoute es aux finales r, al, ol, ul, mais dans ces trois dernières, on supprime la lettre l par euphonie.

6. En arabe, en général on ajoute yn pour le masculin et on change a en at pour le féminin pluriel.

7. En allemand, les noms neutres commençant par ge ou finissant par niss et ent, prennent e; les finales um se changent en en. Les noms abstraits, ainsi que les noms de poids, de mesure et de quantité restent invariables. On ajoute arten aux noms collectifs.

Langage classique

Anglais	Allemand
Remember the care which I took, during your infancy, to render you wise and brave Do nothing that is unworthy of his example, or of my precepts.	Vergisz nicht, was ich in Deiner Jugend für Dich gethan habe, um dir die Weisheit und den Muth einzuflöszen; handle so, dasz du deines groszen Vorbildes und der Tugend lehren würdig werdest.

Tournure anglaise mot à mot
Souvenez vous le soin que j'ai pris durant votre enfance pour rendre vous sage et courageux. Faites rien qui est indigne de son exemple ou de mes préceptes.

Tournure allemande mot à mot
Oubliez non ce que dans votre enfance sur vous accompli j'ai, pour à vous la sagesse et le courage inculquer. Conduisez-vous ainsi que vous de ces beaux exemples et ces principes digne deveniez.

VI Adjectifs et Pronoms.

L'adjectif n'est qu'une manière abrégée de s'exprimer. Au lieu de : l'homme qui a de la raison, on dit : l'homme raisonnable. L'adjectif n'est donc pas absolument nécessaire; aussi certaines langues n'ont pas d'adjectifs correspondants à l'allemand silbern et au russe cérébrianii, qui ne se traduisent que par deux mots : d'argent.

Mais il faut des mots au moyen desquels celui qui parle se désigne lui-même (1e personne) et puisse désigner celui qui écoute (2e personne) ou celui qui est l'objet de la parole (3e personne). Ces mots indispensables existent dans toutes les langues; c'est ce qu'on appelle pronoms (pour le nom).

Parmi les mots auxiliaires, on distingue encore des adjectifs déterminatifs qui jouent le rôle de l'article, de l'adjectif et du pronom. On les partage comme ce dernier, en possessifs, démonstratifs, indéfinis, et dans plusieurs langues

langage classique

espagnol	Italien
No olvides los cuidados que durante tu infancia he tenido por que llegues a ser sabio y valeroso. No hagas nada que no sea digno de los ejemplos que te he dado, y de las máximas de virtud que he procurado inspirarte.	Non dimenticate gli affanni da me sofferti nella vostra fanciullezza, per rendervi sávio e coraggioso. e non fate cósa verúna che non sía degna di quei esempj e di quélle mássime di virtú che me sóno affaticáto d'infondervi.

le même mot sert pour les deux rôles. Les pronoms personnels d'un côté et les adjectifs numéraux d'un autre jouent leur rôle à part.

L'étude de ces petits mots a une grande importance dans chaque langue, puisqu'on les emploie à chaque instant:

Adjectifs démonstratifs

Français.	Cl (ci)	celle (là)	ces (ci)	ces (là)	le même
anglais.	this	that	thèse	those	thè sàme
allemand:	dieser	jene	diese	jene	der selbe
russe:	céi	tota	cij	té	céi camüi
arabe:	hada	hadyk	hadoua	hadoukál	ferd
Espagnol:	este	aquella	estos	aquellos	el mismo.
Italien.	questo	quella	quei	quelle	il medesimo

Déclinaison allemande

Nominatif	masculin	féminin	neutre
Nominatif.	dieser	diese	dieses
Génitif	dieses	dieser	dieses.
Datif	diesem	dieser	diesem
Accusatif.	diesen	diese	dieses

Langage classique.

Anglais

Be assured that those who
are insolent in prosperity,
are passive an timid in
distress: in proportion as they
have been haughty, they be-
come abject; and they pass,
in à moment, frome one
extreme to the other.

Tournure anglaise mot à mot

Soyez assuré que ceux-là qui
sont insolents dans prospérité,
sont faibles et timides dans le
malheur. A proportion qu'ils
ont été hautains, ils deviennent
abjects, et ils passent en un
moment d'une extrémité
à l'autre.

Allemand

Man kann darauf zählen,
dasz Menschen, die sich im Glück
übermüthig zeigen, im Unglück
schwach und verzagt sind. Sie
werden eben so kriechend, als sie
vorher trotzig waren, und in einem Augenblick gehen sie von
dem einen Auszersten auf das andere über

Tournure allemande mot à mot

On peut sur cela compter, que
les hommes que eux-mêmes dans
bonheur insolents se montrent,
dans l'infortune faibles et pusil-
lanimes sont. Ils deviennent
d'autant plus rampants, qu'
ils autrefois hautains étaient,
et en un moment passent-ils
de l'une extrémité à l'autre

VII Pronoms et adjectifs possessifs.

Les adjectifs et les pronoms possessifs, outre l'idée
de possession **individuelle** (mon, ton, son, mes, tes, ses),
et celle de possession **collective** (notre, votre, leur, nos, vos...),
ont aussi la faculté de marquer les *personnes*.

Possessifs individuels (singulier).

français :	mon	le mien	ton	le tien	son	le sien
anglais :	my	mine	thy	thyne	his	his, & hers
allemand :	meine	dermeins	dein	derdein	sein	dersein
russe :	moï	moï	tvoï	troï	évo	évo
espagnol :	mi	el mio	tu	el de tu	su	el suyo.
italien :	il mio	il mio	il tuo	il tuo	il suo, il suo
Portugais :	o minho	o minha	o teu	r teu	o suo	o suo.

Langage classique

Espagnol

Creed que los mas insolentes en la prospéridad son en la adversidad los mas debiles cobardes; y se les ve tan tan abatidos como se los conoció suberbios; en un momento pasan de un extremo a otro.

Italien

Consideráte que gli uómini insolénte nélle prosperità sóno sémpre déboli e pauròsi nélle disgrázzie. Si veggiono tánto avviliti quánto sóno státi supérbi, e pássano da un' estrémo ad un' áltro in un sol momento.

Possessifs individuels (pluriel)

français:	mes	les miens	tes	les tiens	ses	les siens
anglais:	my	mine	thy	thyne	his	his
allemand.	meine	diemeinen	deine	diedeine	seine	dieseine.
espagnol:	mis	los mios	tus	los de Vm	sus	los suyos.
italien:	le mie	le mie	le tue	le tue	i suoi	i suoi
Portugais:	os meus	os meus	os tuos	os tuos	os suos	os suos

Possessifs collectifs (singulier)

français:	notre	le nôtre	vôtre	le vôtre	leur	le leur
anglais:	our	ours	your	yours	their	theirs
allemand.	unser	derunser	euer	deréuer	ihr	derihr
russe:	nache	nache	vache	vache	jxe	jxe
espagnol.	nuestro	el nuestro	vuestro	él de Vm.	el de Vms.	el de Vms.
italien:	il nostro	il nostro	il vostro	il vostro	il loro	il loro
Portugais:	o nosso	o nosso	o vosso	o vosso	o seu	o seu

Possessifs collectifs (pluriel)

français	nos	le nôtres	vos	les vôtres	leurs	les leurs
anglais.	our	ours	your	yours	their	theirs
allemand:	unsre	dieunsre	eüre	dièüre	ihre	dieihre.
espagnol.	nuestros	los nuestros	vuestros	los de Vms	sus	los de ellos
italien.	le nostre	le nostre	le vostre	le vostre	i loro	i loro
Portugais.	os nossos	os nossos	os vossos	os vossos	os seus	os seus.

Langage classique.

Anglais

Your father looked upon me with a calm compassion, which, instead of resenting the intemperate sallies of a wretch distracted by misfortune, makes allowance for his infirmity. He stood silent and unmoved, till my passion should be exhausted by its own violence.

Tournure anglaise mot à mot.

~~Votre père père-père~~

Votre père jetait les yeux sur moi avec une calme compassion, qu'au lieu de ressentir les intempérantes saillies d'une raison troublée par l'infortune, tenait compte de ses infirmités. Il restait silencieux et immobile, jusqu'à ce que ma colère serait épuisée par sa propre violence.

Allemand.

Dein Vater hörte mich ruhig an; er sah mit Mitleiden auf mich, er glich einem Menschen, der statt über die Geistesverwirrung eines Unglücklichen zu zürnen, den sein Miszgeschick erbittert hat, sie erträgt und entschuldigt. Er wartete stillschweigend, bis mein Ungestüm sich gelegt haben würde.

Tournure allemande mot à mol.

Votre père écoutait moi calme, il regardait avec compassion sur moi, il ressemblait à un homme, qui place sur l'aliénation d'esprit les inconvéniens de se fâcher, que son adversité irrité avait, elle supporte et excuse. Il attendait silencieux jusqu'à ce que mon emportement lui même calmé devienne (haben würde)

VIII Pronoms et Adjectifs indéfinis.

Franç.	quelqu'un,	personne,	on,	l'un,	l'autre,	tout,	rien
angl.	sōmebody,	nobody,	they,	the one,	the other,	all	nothing.
all.	Jemand,	Niemand,	man,	der einer,	der andere,	ganz	nichts.
russe.	nékto	njkto	"	tote,	drygoi	véci	nytchto.
arabe	ahad,	hatty	alnnas,	all ahad,	alajor,	koul	hadja
espa.	alguno,	ninguno,	se,	el uno,	el otro	todo	nada
ita.	quatchēduno,	personá,	si,	il uno,	il altro	tutto	niente.

Chacun se dit. every one en angl; Jedermann en allemand; Vciake en russe; K'll ouahéd en arabe, Cada uno en espagnol, et Ciascuno en italien.

Langage classique

Espagnol.

Vuestro padre me miraba con aquel aire de compassion, con que un hombre, lejos de irritarse, tolera y aun escusa a un desgraciado perseguida de la fortuna. Asi tu padre guardando silencio, esperaba que desfogase mi ira.

Italien.

Vostro padre nulla perdendo della propria tranquillità, mi guardáva con un'aria di volto compassionévole, cóme un uómo, il quále nunché adviársene soppórta et scúsa il turbaménto d'un infelice inasprito dàlla fortuna. Così vostro padre stándo in silénzio, aspettáva che si fósse sfogato tutto il mio sdégno.

Pronoms relatifs et interrogatifs

franç: lequel,	duquel	auquel	qui	que	quoi:	quel:
angl: which,	of the which,	to the which.	who,	whom,	which:	which.
allem: welcher,	welches,	welchem,	wer	wen?	was?	welcher.
russe: kto,	kovo.	komy	tchto,	tchto?	tchevo?	kakoï.
arabe: ǎlly,	men ǎlly.	ǎlly ǎlly	ma,	achěnova?	ach?	alma.
espag: cual,	de quien,	a quien	quien	qué?	qué?	qué?
ital: il quale	del quale,	al quale.	il quale,	che?	che?	quale.

Adjectifs numéraux.

Dans les deux pages suivantes, nous enseignons à compter en 8 langues. En étudiant ce tableau colonne par colonne, on remarquera avec quelle simplicité on forme les nombres dans chacune de ces langues.

Pour former les nombres ordinaux, en français, il suffit d'ajouter ième; en anglais, th; en allemand te jusqu'à 20 et ste depuis ce nombre; en russe ïi (prononcez oïi), en arabe, après le nombre 10 les adjectifs ordinaux ne diffèrent pas des cardinaux. Les trois autres langues dérivées du latin, suivent de près la formation française.

Dans la plupart des langues, les trois premiers adj. ordinaux diffèrent des 3 adj. cardinaux.

Exercices de lecture

français	anglais	allemand	russe
un	one	ein	odjne
deux	two	zwei	dva
trois	three	trj	trj
quatre	four	vier	tchétûre
cinq	five	fünf	piate
six	six	sechs	chéctû
sept	seven	sieben	cémû
huit	eight	acht	voçémû
neuf	nine	nëun	déviatû
dix	ten	zehn.	déciatû
onze	eleven	elf	odjnnadtsatû
douze	twelve	zwölf	dvénadtsatû
treize	thirteen	dreizehn	tryjnadtsatû
quatorze	fourteen	vierzehn	tchétûrnatsatû
quinze	fifteen	fünfzehn	pivtnatsatû
seize	sixteen	sechzehn	chéctnadsatû
dix-sept	seventeen	siebzehn	sémnadtsatû
dix-huit	eighteen	achtzehn	vocemnadtsatû
dix-neuf	nineteen	nëunzehn	déviatnadtsatû
vingt	twenty	zwanzig	dvadtsaiï
trente	thirty	dreiszig	tryjdtsatû
quarante	forty	vierzig	caroke
cinquante	fifty	fünfzig	piatû déciate
soixante	sixty	sechzig	chéctideciate
soixante-dix	seventy	siebzig	cémûdéciate
quatre-vingt	eighty	achtzig	vocemûdéciate
quatre-vingt-dix	ninety	nëunzig	déviançto
cent	one hundred	hundert	cto
mille	one thousand	tausend	tíciatcha
la bouche	the mouth	der Mund	rote
la barbe	the beard	der Bart	boroda
les bras	the arms	die Arme	rykj
action	action	die Handlung	déïctvïé
agir	to act	handeln	dělatû

arabe	espagnol	italien	portugais
ouahãd	uno	uno	um
zoudj	dos	due	dois
tslêtsa	tres	tre	tres
arbãa	cuatro	quatro	quatro
jãmsa	cinco	cinque	cinco
sêtta	seis	sei	seis
sêbãa	siete	sette	sette
tsmanya	ocho	otto	oito
tsãa	nueve	nove	nove
ãchãra	diez	dieci	dez
ahdach	once	undici	onze
atnach	doce	dodeci	doze
tlãtach	trece	tredeci	treze
arbãtãch	catorce	quattordici	quatorze
jãmstach	quince	quindici	quinze
sẽttach	diez y seis	sedici	dezaseis
sêbãtach	diez y siete	diciassette	dezesete
tsmãntach	diez y ocho	diciotto	dezoito
tsãtach	diez y nueve	diciannove	dazenove
ãchryn	veinte	venti	vinte
tslêtsyn	treinta	tronta	trinta
arbãzn	carenta	quaranta	quarenta
jãmsyn	cincuenta	cinquanta	cincoenta
sattyn	sesenta	sessanta	sessenta
sêbãzyn	setenta	settanta	setenta
tsmanyyn	ochenta	ottanta	oitenta
tsãyn	noventa	novanta	noventa
mïa	ciento	cento	cem
ãlf	mil	mille	mil
foum	la boca	la bocca	a boca
lahïa	las barbas	la barba	a barba
drã	los brazos	le braccia	os braços
ãmlã	la accion	l'azione	a acção
amãl	obrar	agira	obrar

PARIS

CATRONY EDITEUR rue Université 117

1878

Langues vivantes
sans maître
un jour pour parler 8 langues.
59 livraisons à 0f 30

Une ou Deux
livraisons par semaine.
16 pages

Sciences simplifiées,
sans maître
par le dessin.
28 livraisons à 0f 30

PROSPECTUS

(1) Sans nier les progrès obtenus, il faut avouer que la Science pratique et positive est encore restée trop hérissée d'inutiles obstacles pour pénétrer facilement dans les masses. Il faut à tout prix ouvrir une voie nouvelle, fixer les principes, présenter les résultats acquis sans faux systèmes; se mettre au point de vue de la jeunesse, qui ignore; suivre la marche naturelle de l'esprit humain; éloigner tout esprit systématique au nom de la vérité, de la justice et du progrès; réduire les sciences et les langues vivantes à leur plus simple expression; mettre à la portée de tous ce qui n'était réservé qu'à un très-petit nombre: tel est le but des œuvres de Mr Abe, auxquelles il a consacré une vingtaine d'années et dont ces deux premières collections ne forment en quelque sorte que le préambule.

Prime perpétuelle.

A tout souscripteur.

A tout souscripteur.

Les Prétendants et l'Invasion 2 v. 8f f°	4.f "	
Musique dramatique 8f au lieu de 9f f°	4f "	
Bibliographie des Journaux 12f f°	6f "	
La Science de l'Esprit (Huet) 2 v. 8° 14f f°	7f "	
Album de Paris 55 planches Rel. 25f f°	12f 50	
Les contemporains 60 vol. 25f f°	12f 50	
Histoire de la Turquie (Lamar.) 6 v. 60f f°	34f "	
Panorama hist. 202 cartes 540 grav. 80f f°	40f "	
Nobiliaire universel 40 vol. 240f f°	100f "	
Légendes flamandes au lieu de 6f f°	3.f "	
Curiosités des anciennes justices 6f f°	3.f "	
La chute du Ciel au lieu de 6f f°	3.f "	
Histoire de Paris (Arago) 2 v. grav. 18f f°	9.f "	
Histoire de l'Europe (Alison) 35f f°	10.f "	
Physique simplifiée 4 v. fig. 60f f°	25.f "	
Annuaire histor. 3 v 8° 45f f°	12 "	
Mélanges (Bordas-Dumoulin) 2 v. 10f f°	5.f "	
Relations politiques 5 v 25f f°	10.f "	

Pour recevoir franco les Primes, s'adresser directement à l'Editeur en lui envoyant le montant (prix réduit).

PPIX 30 c.mes.

HUIT
Langues
_8_

Nos 5   Nos 5

langage usuel classique   LANGUES VIVANTES   Pronunciation figurée
8
comparées

GRAMMAIRE EUROPÉENNE

ETUDE   MISE A LA PORTÉE

rapide et complète   1878   de tout le monde.

Sans maître

1878   par Abc   1878

signes européens pour lire huit langues

ˇ=a	ˇ=eu	ˇ=ieu	˙=é	ˋ=è	˙=i	˜=ou	=ch son ouvert
˜=aï	ˆ=o	˜=u	ˊ=ié	ˋ=iè	˜=u	˜=iou	e, o, u nul

exemples

a=ê'   ë=o

ë=i   ü=ieu

i=dï   ü=eu

ŏ=ou   ŏ=eu

Règle unique.

Toute lettre surmontée d'un de nos signes perd sa valeur propre et prend celle du signe. Toute lettre pointée en bas est nulle dans la prononciation excepté dans le russe et l'arabe.

UNE HEURE
pour lire huit langues.

français — anglais — allemand — russe — arabe — espagnol — italien — portugais

Catroux, éditeur | Groville Morant, libraire
117 rue de l'Université 117 | 20 rue de la Sorbonne 20

PARIS

Imp. CAILLET, rue Jacob 48

Conjugaisons des verbes français

Indicatif

Temps simples				Temps composés	

Présent — Passé indéfini

e	is	ois	s	j'ai	
es	is	ois	s	tu as	aimé
e	it	oit	"	il a	fini eu
ons	issons	evons	ons	nous avons	reçu été
ez	issez	evez	ez	vous avez	rendu
ent	issent	ovent	ent	ils ont	

Imparfait — Plus-que-Parfait

ais	issais	evais	ais	j'avais	
ais	issais	evais	ais	tu avais	aimé
ait	issait	evait	ait	il avait	fini eu
ions	issions	evions	ions	nous avions	reçu été
iez	issiez	eviez	iez	vous aviez	rendu
aient, issaient, evaient aient				ils avaient	

Passé défini — Passé antérieur

ai	is	us	is	j'eus	
as	is	us	is	tu eus	aimé
a	it	ut	it	il eut	fini eu
âmes	îmes	ûmes	îmes	nous eûmes	reçu été.
âtes	îtes	ûtes	îtes	vous eûtes	rendu
èrent	irent	urent	irent	ils eurent	

Futur simple — Futur antérieur

erai	irai	evrai	rai	j'aurai	
eras	iras	evras	ras	tu auras	aimé
era	ira	evra	ra	il aura	fini eu
erons	irons	evrons	rons	nous aurons	reçu été
erez	irez	evrez	rez	vous aurez	rendu
eront	iront	evront	ront	ils auront	

Remarque. Pour conjuguer les temps simples, ajoutez au radical les terminaisons de ce tableau. Pour les temps composés, prenez le temps correspondant du verbe avoir et ajoutez le participe passé.

Conjugaison des Verbes français.

Conditititionnel

Temps simples				Temps composés	

Présent. — Passé.

erais	irais	evrais	rais	j'aurais	aimé
erais	irais	evrais	rais	tu aurais	fini eu
erait	irait	evrait	rait	il aurait	reçu été
erions	irions	evrions	rions	nous aurions	rendu
eriez	riez	evriez	riez	vous auriez	
eraient	raient	evraient	raient	ils auraient	

Présent — Subjonctif — Passé

e	isse	oive	e	Que j'aie	aimé
es	isses	oives	es	Que tu aies	fini eu
e	isse	oive	e	Qu'il ait	reçu été
ions	issions	evions	ions	Que nous ayons	rendu
iez	issiez	eviez	iez	que vous ayez	
ent	issent	oivent	ent	qu'ils aient	

Imparfait — Plus-que-Parfait

asse	isse	usse	isse	Que j'eusse	aimé
asses	isses	usses	isses	que tu eusses	fini eu
ât	ît	ût	ît	qu'il eût	reçu été
assions	issions	ussions	issions	que nous eussions	rendu
assiez	issiez	ussiez	issiez	que vous eussiez	
assent	issent	ussent	issent	qu'ils eussent	

Présent — Impératif — Passé

e	is	ois	s	aie	aimé
ons	issons	evons	ons	ayons	fini, reçu eu
ez	issez	evez	ez	ayez	rendu été

Présent — Infinitif — Passé

aimer, finir, recevoir, rendre.	avoir } aimé, reçu, eu, fini, rendu, été.

Présent — Participe — Passé

ant, issant, evant, ant	aimé, fini, reçu, rendu.

Conjugaison des Verbes espagnols

Temps simples | Temps composés

Indicatif

Présent | Passé indéfini

o	o	o	Yo he	J'ai aimé, etc.
as	es	es	tu has	amado (aimer)
a	e	e	El ha	temido (craindre)
amos	emos	imos	nosotros hemos	partido (partager)
ais	eis	is	vosotros habeis	
an	en	en	Ellos han	

Imparfait | Plus-que-Parfait

aba	ia	ia	Yo había	J'avais aimé, etc
abas	ias	ias	tu habías	amado
aba	ia	ia	el había	temido
ábamos	íamos	íamos	nosotros habíamos	partido
abais	iais	íais	vosotros habíais	
aban	ian	ian	ellos habían	

Passé défini | Passé antérieur

é	í	í	Yo hube	J'eus aimé, etc
aste	iste	iste	tu hubiste	amado
ó	ió	ió	el hube	temido
ámos	imos	imos	„ hubimos	partido
asteis	isteis	isteis	„ hubisteis	
aron	ieron	ieron	„ hubieron	

Futur simple | Futur antérieur

aré	eré	iré	Yo habré	J'aurai aimé, etc
arás	erás	irás	tu habrás	amado
ará	erá	irá	el habrá	temido
arémos	erémos	irémos	„ habremos	partido
aréis	eréis	iréis	„ habreis	
arán	erán	iran	„ habran	

Remarque. Comme en français, ajoutez les terminaisons au radical: am-ar, tem-er, part-ir. Les temps composés se forment aussi comme en français.

Conjugaison des verbes espagnols.

Temps simples			Temps composés.

Conditionnel

Présent

			Passé
aria	eria	iria	yo habria — j'aurais aimé, été.
arias	erias	irias	tu habrias — amado
aria	eria	iria	él habria — temido
ariamos	eriamos	iriamos	„ habriamos — partido
ariais	eriais	iriais	„ habriais
arian	erian	irian	„ habrian

Subjonctif

Présent — Subjonctif — Passé.

e	a	a	Que yo haya — que j'aie aimé, etc
es	as	as	que tu hayas — amado
e	a	a	que él haya — temido
emos	amos	amos	„ hayamos — partido
eis	ais	ais	„ hayais
en	an	an	„ hayan

Imparfait

			Plus-que-Parfait
ase	iese	iese	Que yo hubiese — que j'eusse aimé…
ases	ieses	ieses	que tu hubieses — amado
ase	iese	iese	que él hubiese — temido
ásemos	iésemos	iésemos	„ hubiesemos — partido
aseis	ieseis	ieseis	„ hubieseis
asen	iesen	iesen	„ hubiesen

Impératif

Présent — Impératif — Passé (inusité).

a	e	e	he aqui : voici
emos	amos	amos	he alli : voilà
ad	ed	id	he le aqui : le voici

Infinitif

Présent — Infinitif — Passé.

amar, temer, partir | haber amado, etc.

Participe

Présent — Participe — Passé.

amando, temiendo, partiendo | amado, temido, partido

Conjugaison des verbes italiens

Temps simples. | **Indicatif** | Temps composés.

Présent — Passé indéfini

o	o	o	Io ho	J'ai loué, etc
i	i	i	tu hai	—
a.	e	e	egli ha	lodato (loué)
iamo	iamo	iamo	noi abbiamo	ricevuto (reçu)
ate	ete	ite	voi avete	vestito (vêtu)
ano	ono	ono	eglino hanno	

Imparfait. — Plus-que-Parfait.

ava	eva	iva	Io aveva	J'avais loué, etc
avi	evi	ivi	tu avevi	—
ava	eva	iva	egli aveva	lodato
avamo	evamo	ivamo	noi averamo	ricevuto
avate	evate	ivate	voi averate	vestito
avano	evano	ivano	eglino averano	

Passé défini — Passé antérieur

ai	ei	ii	Io ebbi	J'eus loué, etc.
asti	esti	isti	tu avesti	—
ó	é	í	egli ebbe	lodato
ammo	emmo	immo	noi avemmo	ricevuto
aste	este	iste	voi aveste	vestito
arono	erono	irono	eglino ebbero	

Futur simple — Futur antérieur

erò	erò	irò	Io avrò	J'aurai loué, etc
erài	erài	irài	tu avrài	—
erà	erà	irà	egli avrà	lodato
eremo	eremo	iremo	noi avremo	ricevuto
erete	erete	irete	voi avrete	vestito
eranno	eranno	iranno	eglino avranno	

Remarque. Comme en français, ajoutez ces terminaisons au radical: lod-are, ricev-ere, vest-ire. Les temps composés se forment aussi comme en français

Conjugaison des verbes italiens

Temps simples.   **Temps composés.**

Présent — Conditionnel — Passé.

eréi	eréi	iréi	Io avrei	J'aurais loué, etc
eresti	eresti	iresti	tu avresti	
erebbe	erebbe	irebbe	egli avrebbe	lodato
eremmo	eremmo	iremmo	noi avremmo	ricevuto
ereste	ereste	ireste	voi avreste	vestito
erébbero	erébbero	irébbero	eglino arrebbero	

Présent — Subjonctif — Passé

i	a	a	ch'io abbia	que j'aie loué, etc
i	a	a	che tu abbi	
i	a	a	ch'egli abbia	lodato
iamo	iamo	iamo	„ abbiamo	ricevuto
iate	iate	iate	„ abbiate	vestito
ino	ano	ano	„ abbiano	

Imparfait — Plus-que-Parfait

assi	essi	issi	che do avessi	que j'eusse loué, etc.
assi	essi	issi	che tu avessi	
asse	esse	iose	ch'egli avesse	lodato
ássimo	éssimo	íssimo	„ avessimo	ricevuto
aste	este	iste	„ areste	vestito.
ássero	éssero	íssero	„ avessero	

Présent — Impératif — Passé

a	i	i	abbi	lodato
iamo	iamo	iamo	abbiamo	ricevuto
ate	ete	ite	abbiate	vestito

Présent — Infinitif — Passé

lodare, ricevere, vestire | avere lodato, etc

Présent — Participe — Passé

ando, endo   endo | lodato, ricevuto, vestito

Conjugaison des verbes portugais

Temps simples			Temps composés.

Indicatif

Présent / Passé indéfini

o	e	o	Eu hei	J'ai aimé, été
as	es	es	tu has	
a	e	e	elle ha	amado (aimé)
amos	emos	imos	nós hemos	comido (mangé)
ais	eis	is	vos heis	cumprido (accompli.)
ão	em	em	elles hão	

Imparfait / Plus-que Parfait

ava	ia	ia	Eu havia	J'avais aimé, etc.
avas	ias	ias	tu havias	
ava	ia	ia	elle havia	amado
avamos	iamos	iamos	nós haviamos	comido
aveis	ieis	ieis	vos havieis	cumprido
avão	ião	ião	elles havião	

Passé défini / Passé antérieur

ei	i	i	eu houve	J'eus aimé etc.
aste	este	iste	tu houveste	amado
ou	eo	io	elle houve	comido
amos	êmos	imos	nós houvemos	cumprido.
astes	estes	istes	vos houvestes	
arão	êrão	irão	elles houverão	

Futur simple / Futur antérieur

arei	erei	irei	Eu haverei	J'aurai eu. etc
arás	erás	irás	tu haverás	
ará	erá	irá	elle haverá	amado.
aremos	eremos	iremos	nos haveremos	comido
areis	ereis	ireis	vos havereis	cumprido
arão	erão	irão	elles haverão	

Remarque. Comme en français, ajoutez ces terminaisons au radical: amar (am), comer (com), cumprir (cumpr). Les temps composés se forment aussi comme en français.

Conjugaison des verbes portugais.

Temps simples   Temps composés.

Conditionnel

Présent.   **Passé.**

aria	erra	iria	Eu haveria	J'aurais aimé..
arias	erias	irias	tu haverias	—
aria	eria	iria	elle haveria	amado
ariamos	eriamos	iriamos	nós haveriamos	comido
arieis	erieis	irieis	vós haverieis	cumprido
arião	erião	irião	ellos haverião	

Présent. — **Subjonctif** — **Passé.**

e	a	a	Eu haja	que j'aie aimé...
es	as	as	tu hajas	—
e	a	a	elle haja	amado
êmos	amos	amos	nos hajamos	comido
eis	ais	ais	vos hajais	cumprido.
em	ão	aõ	elles hajão	

Imparfait.   **Plus-que-Parfait.**

asse	esse	isse	Eu houvesse	que j'eusse aimé..
asses	esses	isses	tu houvesses	—
asse	esse	isse	elle houvesse	amado
assemos	essemos	issemos	nós houvessemos	comido
asseis	esseis	isseis	vós houvesseis	cumprido
assem	essem	issem	elles houvessem	

Présent — **Impératif** — **Passé**

a	e	e	ha	amado
amos	emos	imos	hemos	comido
ai	ei	i	havei	cumprido

Présent — **Infinitif** — **Passé.**

amar, comer, cumprir | haver amado, etc

Présent — **Participe** — **Passé**

ando   endo   indo_ | ado   ido   ido

Conjugaison des verbes

allemands   anglais

Indicatif

acheter – Présent – vendre   acheter – Présent – vendre

	allemand				anglais	
e	Ich kaufe	Ich verkaufe		"	J buy	J sell
st	Kaufst	verkaufst		st	buyest	sellest
t	Kauft	verkauft		s	buys	sells
en	Kaufen	verkaufen		"	buy	sell
t	Kauft	verkauft		"	buy	sell
en	Kaufen	verkaufen		,	buy	sell

Prétérit. *Imparfait* (les 3 passés)   Prétérit. *Imparfait* (les 3 passés)

te	Ich kaufte	Ich verkaufte		J did	
test	Kauftest	verkauftest	st	thou didst	
te	Kaufte	verkaufte		he did	} buy
ten	Kauften	verkauften		we did	
tet	Kauftet	verkauftet		you did	} sell
ten	Kauften	verkauften		they did	

Futur simple.

Ich werde		I shall	
Du wirst		thou wilt	
er wird	} kaufen	he will	} buy
wir werden		we shall	
ihr werdet	} verkaufen	you will	} sell
sie werden		they will	

Conditionnel

Présent   Présent

Ich würde		I should	
Du würdest	} kaufen	thou wouldst	} buy
er würde		he would	
wir würden		we should	
ihr würdet	} verkaufen	you would	} sell
sie würden		they would	

Remarque. La conjugaison des verbes de ces deux langues est d'une simplicité remarquable. On peut remarquer leur analogie dans la formation du futur et du Conditionnel. Les temps composés s'y forment comme dans les langues latines, et en allemand le participe précède l'auxiliaire.

Verbes - allemands et anglais - Verbes

Subjonctif

acheter - **Présent** - vendre   acheter - **Présent** - vendre

dasz ich kaufe,	verkaufe	That I may
dasz du kaufest,	verkaufest	That thou mayst } buy
dasz er kaufe,	verkaufe	That he may
dasz wir kaufen,	verkaufen	That we may } sell.
dasz ihr kaufet,	verkaufet	That you may
dasz sie kaufen,	verkaufen	That they may

Imparfait   Imparfait

Dasz ich kaufte,	verkaufte	That I might
Dasz du kauftest,	verkauftest	That thou mightst } buy
Dasz er kaufte,	verkaufte	That he might
Dasz wir kauften,	verkauften	That we might } sell
Dasz ihr kauftet,	verkauftet	That you might
Dasz sie kauften,	verkauften	That they might

Impératif

Présent   Présent

Kaufe,   verkaufe   Buy,   sell
Laszt uns kaufen, verkaufen   Let us buy; Let us sell.
Kauft,   verkauft   Buy,   sell

Infinitif

Présent   Présent
Kaufen, verkaufen | to buy, to sell

Passé   Passé
gekauft haben, verkauft w. | to have bought, sold

Participe

Présent   Présent.
Kaufend, verkaufend | buying, selling

Passé   Passé
gekauft, verkauft | bought,   sold.

En général la particule ge sert à former le participe passé allemand.

Conjugaison des verbes arabes

Verbe trilitère régulier		Verbes défectueux	
écrire	**finir** (v sourd)	**acheter**	**oublier**

Prétérit (traduit nos temps passés.)

ktèbt -	tèmmyt	cheryt	usyt
ktèbt, f. –i	tèmmyt, f. –i	cheryt, f. –i	usyt, f. –i
kteb, f. ketbet	tèmm, f. –et	chry, f. chrat	usy
ktèbna	tèmmyna	chèryna	nsyna
ktèbtoua	tèmmytoua	cherytoua	nsytoua
ktèbloua	tèmmona	chraoua	nsaoua

Aoriste (Présent ou futur) 3 modes.

nèkteb	nètèmm	nèchry	nènsy
tèktèb, f. –y	tètèmm, f. –y	tèchry, f –a	tènsy, f. –i
y kteb, f tekteb	ytèmm, f. –2e	ychry, f. –t	ynsy
nèktèboua	nètèmmona	nèchryoua	nensaoua
tèktèboua	tètèmmona	tèchryoua	tensaoua
ytebona	ytèmmona	ychryoua	yensaoua

Impératif (négatif, se rend par l'aoriste)

s. àktèb, f. –y	tèmm, f. –y	àchry, f. –y	ànsà, f. –y
pl. aktèboua	tèmmoua	achryoua	ànsàoua

Participe présent (adj. verbal actif).

s. Katèb, f. katba	tamm, f. –a	chary, f. –a	nasy, f. –a
pl. katbyn	tammyt	charyyn	nsyyn

Participe passé (adj. verbal passif).

s. mèktoub, f. –a	mètmoumy, f. –a	mèchry, f. –ya	mensy, f. –ya
pl. mèktoubyn	metmoumyn	mèchryyn	mensyyn

Remarque. Ce tableau résume la conjugaison de l'arabe vulgaire d'Alger. En comparant les temps et les personnes de ces modèles, on constatera une simplicité remarquable.

Conjugaison des verbe arabes.

Verbes concaves.

dire	mesurer	craindre

Prétérit (traduit nos temps passés.

dire	mesurer	craindre
qᵉlt	qist	jᵉft
qᵉlt, f. – i.	qist, – f. i	jᵉft, f. i
qal, f. – et.	qas , – et	jaf – f – et
qᵉlna	qisna	jᵉfna
qᵉltoua	qistoua	jᵉftoua
qaloua	qasoua	jafoua

Aoriste (Présent ou futur)   3 modes

dire	mesurer	craindre
ngoul	ngys	njaf
tgoul, f. – y	tgys, f. – y	tjaf, f. – y
ygoul, f. – t	ygys, f. – t	yjaf, f. – t
ngouloua	ngysoua	njafoua
tgouloua	tgysoua	tjafoua
ygouloua	ygysoua	yjafoua .

Impératif. (négatif, se rend par aoriste)

dire	mesurer	craindre
qᵉl, f. – y	qis, f. qysy.	jaf , f. – y
qᵉloua	qysoua	jafoua

Participe présent (adj. verbal actif)

dire	mesurer	craindre
qayl, f. – a	qays, f. a	jayf, f. – a
qaylyn	qaysyn	jaffyn

Participe passé. (adj verbal passif).

dire	mesurer	craindre
mgoul, f. – a	mgyous, f. – a	mjouf, f. – a
mgoulyn	mgyousyn	mjoufyn

Remarque. La conjugaison de l'arabe littéral ou écrit est plus compliquée. On distingue 13 formes dans les verbes trilitères (3 lettres) et 4 formes dans les verbes quadrilitères (4 lettres).

62

Conjugaison des verbes russes

Temps simples — Temps composés

faire — louer — flétrir

Présent — Indicatif Présent

	faire	louer	flétrir	
ta	délaiou	xraliou	riani	Passé indéfini
tŭ	délaéchŭ	xraljchŭ	rianéchŭ	
one	délaéte	xraljte	rianéte	
mŭ	délaéme	xraljme	rianéme	comme le Prétérit.
vŭ	délaété	xraljté	rianété	
onj	délaiouté	xraljate	rianjte	

Passé ou Prétérit

	faire	louer	flétrir	
ta	délale (a.o)	xraljle (a.o)	riale (a.o)	Passé antérieur
tŭ	d	d	d	et
one	d	d	d	Plus-que-Parfait
mŭ	délaljŭ (3 g.)	xraljlŭ (3 g.)	rialj (3 g.)	comme le Prétérit
vŭ	d	d	d	
onj	d	d	d	

Futur simple

ta	bŭjdŭ		Futur antérieur
tŭ	bŭjdéchŭ	délatŭ	comme
one	bŭjdéte	xraljtŭ	le Conditionnel.
mŭ	bŭjdéme	rianjtŭ	
vŭ	bŭjdété		
onj	bŭjdŭte		

Impératif

	faire	louer	flétrir	
s.	délaŭ	xraljŭ	rianŭ	"
pl.	délaŭté	xraljté	rianité	

Remarque. Le futur n'a point d'inflexion particulière. Il se forme à l'aide de l'auxiliaire bŭjdŭ joint à l'infinitif du verbe que l'on conjugue.

Conjugaison des verbes russes

Temps simples   Temps composés

Conditionnel

Présent
Ia délale-bü : Je ferais
tü xvaljle-bü : tu louerais
one viale-bü : il flétrirait
mü delalj-bü : nous ferions
rü xvaljlj-bü : vous loueriez
onj vialj-bü : ils flétriraient.

Passé
Comme le
conditionnel
Présent.

Subjonctif

Présent
tchtobe ia délale-bü
(que) tü xvaljle-bü
" one viale-bü
" mü délalj-bü
" rü xvaljlj-bü
" onj vialj-bü

Passé
Les 4 temps
du Subjonctif
se conjuguent
de la même
manière.

Infinitif
faire   louer   flétrir
délatü, xvaljtü, viaytü

Participe

Présent
Délaioustchiü, faisant.
xvaliustchiü, louant.
viaystchiü, flétrissant.

Passé
délavchiü
xvaljvchiü
viarchiü.

Les modes *Conditionnel* et *Subjonctif* des autres langues s'expriment en russe par le Prétérit de l'Indicatif suivi de la particule bü.

PARIS

CATRONY EDITEUR rue Université 117

1878

Une ou Deux livraisons par semaine.
16 pages

Langues vivantes sans maître
un jour pour parler 8 langues.
59 livraisons à 0.30

Sciences simplifiées, sans maître
par le dessin
28 livraisons à 0.30

PROSPECTUS

(1) Sans nier les progrès obtenus, il faut avouer que la Science pratique et positive est encore restée trop hérissée d'inutiles obstacles pour pénétrer facilement dans les masses. Il faut à tout prix ouvrir une voie nouvelle, fixer les principes, présenter les résultats acquis sans faux systèmes; se mettre au point de vue de la jeunesse, qui ignore; suivre la marche naturelle de l'esprit humain; éloigner tout esprit systématique au nom de la vérité, de la justice et du progrès; réduire les sciences et les langues vivantes à leur plus simple expression; mettre à la portée de tous ce qui n'était réservé qu'à un très-petit nombre: tel est le but des œuvres de Mr Abc, auxquelles il a consacré une vingtaine d'années et dont ces deux premières collections ne forment en quelque sorte que le préambule.

À tout souscripteur: **Prime perpétuelle** À tout souscripteur.

Les Prétendants et l'Invasion 2 v. 8° f°	4.	"
Musique dramatique 8° au lieu de 9. f	4,	"
Bibliographie des Journaux .. 12. f°	6.	"
La Science de l'Esprit (Huet) 2 v. 8° 14, f°	7.	"
Album de Paris 55 planches Rel. 25. f°	12,50	
Les contemporains 60 vol 25. f	12,50	
Histoire de la Turquie (Lamar) 6 v. 60. f	30,	"
Panorama hist 202 cartes 540 grav. 80. f°	40,	"
Nobiliaire universel 40 vol 240. f°	100,	"

Légendes flamandes au lieu de 6 f°	3,	"
Curiosités des anciennes justices ... 6 f°	3,	"
La chute du Ciel au lieu de 6 f°	3,	"
Histoire de Paris (Arago) 2 v. grav 18. f°	9,	"
Histoire de l'Europe (Alison) 35 f°	10,	"
Physique simplifiée 4 v. fig 60 f°	25,	"
Annuaire histor. 3 v 8° 45 f°	12	"
Mélanges (Bordas-Dumoulin) 2 v. 10 f°	5,	"
Relations politiques 5 v 25 f°	10,	"

Pour recevoir franco les Primes, s'adresser directement à l'Éditeur en lui envoyant le montant (prix réduit).

www.ingramcontent.com/pod-product-compliance
Lightning Source LLC
LaVergne TN
LVHW022131080426
835511LV00007B/1108